MANA

Weitere Titel von Almut Irmscher in der Reise-Lesebuch-Reihe:

Das **Island**-Lesebuch	(978-3-95503-127-5)
Das **Norwegen**-Lesebuch	(978-3-95503-130-5)
Das **Dänemark**-Lesebuch	(978-3-95503-133-6)
Das **Irland**-Lesebuch	(978-3-95503-136-7)
Das **Schottland**-Lesebuch	(978-3-95503-139-8)
Das **England**-Lesebuch	(978-3-95503-142-8)
Das **Portugal**-Lesebuch	(978-3-95503-146-6)
Das **Italien**-Lesebuch	(978-3-95503-149-7)
Das **Griechenland**-Lesebuch	(978-3-95503-152-7)
Das **Schweden**-Lesebuch	(978-3-95503-177-0)
Das **Kroatien**-Lesebuch	(978-3-95503-180-0)
Das **Toskana**-Lesebuch	(978-3-95503-183-1)
Das **Namibia**-Lesebuch	(978-3-95503-200-5)
Das **Spanien**-Lesebuch	(978-3-95503-209-8)
Das **Nordsee**-Lesebuch	(978-3-95503-215-9)
Das **Sardinien**-Lesebuch	(978-3-95503-231-9)

Weitere Titel von Gunhild Hexamer in der Reise-Lesebuch-Reihe:

Das **Kanada**-Lesebuch – Der Osten	(978-3-95503-186-2)
Das **Kanada**-Lesebuch – Der Westen	(978-3-95503-189-3)
Das **Kalifornien**-Lesebuch	(978-3-95503-203-6)

Bibliografische Information der Deutschen Nationalbibliothek
Die Deutsche Nationalbibliothek verzeichnet diese Publikation in der Deutschen Nationalbibliografie. Detaillierte bibliografische Daten sind im Internet unter http://dnb.dnb.de abrufbar.

Titelfoto: © Dirk Petersen - Fotolia.com
Bilder im Innenteil: Almut Irmscher
Zeichnungen: Tabea Sudrow
Umschlagentwurf, Satz und Layout: MANA-Verlag

Druck: Dardedze, Riga, EU
ISBN: 978-3-95503-212-8

Almut Irmscher

Das Ostsee-Lesebuch

Impressionen und Rezepte
von der deutschen Ostseeküste

Inhalt

Einführung

Die Ostsee ist die sanftmütige Schwester der rauen Nordsee. Meist zeigt sie ein freundliches Gesicht, und friedlich plätschern ihre Wellen gegen den Strand. Zwischen flachen Haff- und Boddenküsten, bizarren Steilküsten und weitläufigen Flussmündungen liegen Buchten mit weißem, feinsandigem Strand, und das Meer erstrahlt in einem so leuchtenden Türkis, dass man sich in tropische Gefilde versetzt fühlt.

Doch die Ostsee ist auch das Tor zum Norden und Nordosten Europas. So haben Seefahrer das Antlitz ihrer Küsten seit jeher geprägt. Einst waren es bärbeißige Wikinger, die mit ihren schnellen Booten von Küste zu Küste kreuzten und Angst und Schrecken verbreiteten. Später kamen die Händler und gründeten hier einen mächtigen Bund, der das Leben Norddeutschlands im Mittelalter beherrschen sollte: die Hanse.

Die Machthaber aller Epochen haben der deutschen Ostseeregion ihren Stempel aufgedrückt. Die Nationalsozialisten hinterließen bizarre Konstrukte wie den gigantischen Koloss von Prora, später dümpelte die Region im Osten unter dem DDR-Regime dahin, während die Küstenorte im Westen den Bedürfnissen des aufkommenden Massentourismus angepasst wurden.

So gibt es heute idyllische Hafenorte und imposante alte Hansestädte, aber auch Betonwelten, die vom Zeitgeist der Siebzigerjahre hinterlassen wurden. Dazwischen liegen Inseln und malerische Landschaften, tiefe, urwüchsige Wälder und weite Felder, auf denen sich die Ähren in einer sanften Brise wiegen. Hier findet die Natur ihre Refugien, die Lebensräume an der Ostseeküste werden von Kegelrobben, Seeadlern und sogar von Wildpferden bevölkert. Im Frühjahr und im Herbst erobern unzählige Zugvögel die flachen Gewässer der Bodden und Haffs mit ihrem pulsierenden Getümmel.

Die Ostseeküche ist traditionell reich an Fischgerichten und nahrhaften Eintöpfen. Das fruchtbare Hinterland schenkt ihr eine reiche Vielfalt landwirtschaftlicher Erzeugnisse. Außerdem hat der stetige Kontakt zu den Völkern im Osten die deutsche Ostseeküche nachhaltig beeinflusst.

Um die Ostsee-Impressionen abzurunden, wird der bunte Bilderbogen der Geschichten und Episoden in diesem Buch von typischen Rezepten ergänzt. Und auf der Internetseite www.almutirmscher.de erwartet Sie ein Fotoalbum mit vielen schönen Bildern von der Ostsee.

Willkommen an Deutschlands Ostseeküste!

Tango gefällig? – Willkommen an der Ostsee!

Vielleicht haben Sie mich ja schon auf meiner Reise entlang der deutschen Nordseeküste im Nordsee-Lesebuch begleitet. Erinnern Sie sich noch? Am Ende hatten wir ein Schiff bestiegen und waren dem knapp 100 Kilometer langen Verlauf des Nord-Ostsee-Kanals gefolgt, und so sind wir nun in Kiel-Holtenau angekommen. Gerade haben sich die schweren Stemmtore der großen Schleuse hinter uns geschlossen. Nun heißt es warten, denn mithilfe der Schleuse überwinden wir den Höhenunterschied zwischen Kanal und Ostsee. Der beträgt hier allerdings meist nur 20 bis 30 Zentimeter, trotzdem dauert die Prozedur gute 30 Minuten. Denn die Schleuse verhindert in erster Linie, dass das Wasser im Kanalbett ins Schwappen kommt.

Jetzt ist eine gute Gelegenheit für das Schiffspersonal, ein paar Erledigungen zu tätigen. Die Passage durch den Nord-Ostsee-Kanal ist ja meist nur ein kurzes Intermezzo auf einer weiten Fahrt. Da frischt man gerne die persönlichen Bestände auf, und so verlassen ein paar Matrosen das Schiff, um im kleinen Schleusenladen zollfrei einzukaufen. Hier gibt es alles, vom Wodka bis zur Zigarettenstange, und seine Briefe kann man auch einwerfen, aber natürlich darf der Schleusenbereich nicht verlassen werden. Das Schiff gilt als Hoheitsgebiet des Staates, unter dessen Flagge es fährt. Die Schiffe auf dem Nord-Ostsee-

Kanal sind also so etwas wie kleine ausländische Territorien auf der Durchreise durch Deutschland, doch die Seeleute haben kein Visum und dürfen unser Land daher nur von Deck aus betrachten.

Für mich gilt das nicht, und deshalb verlasse ich das Schiff hier in Kiel-Holtenau. Gleich neben der Schleuse befindet sich eine große Aussichtsplattform, von der aus man den Schleusenvorgang in Ruhe beobachten kann. Langsam verändert sich der Wasserstand, die ersten Männer kommen mit Tüten zurück aus dem Laden. Und schließlich öffnet sich das Schiebetor schwerfällig in Richtung Ostsee. Wenn es ganz geöffnet ist, setzt das Schiff seine Fahrt fort in die Kieler Förde und weiter bis ins Baltikum. Die Abkürzung durch den Kanal hat ihm die beschwerliche Passage und den weiten Weg durch Skagerrak und Kattegat um die Nordspitze Dänemarks herum erspart, ein Riesenvorteil, besonders wenn es in Richtung Osten weitergehen soll. Ein bisschen wehmütig schaue ich hinterher, als das Schiff langsam in Richtung Horizont verschwindet. Es ist das Fernweh, das mich von fremden Gestaden träumen lässt, und ich male mir aus, wie mein Schiff in malerischen Hafenstädten vor Anker geht, weit im Osten, wo die Sonne aufgeht.

So bin ich schließlich zur anderen Seite des Kanals gekommen und schlendere den Tiessenkai entlang, wo man auf dem Weg zum roten Backsteinleuchtturm von Holtenau noch ein bisschen die Seefahrerromantik vergangener Zeiten erahnen kann. Während draußen auf dem Kanal die modernen Containerschiffe vorüberziehen, liegen hier noch echte Traditionssegler an der Pier, prächtige Dreimaster, manche davon mehr als 100 Jahre alt.

An Land wird das beschauliche Bild von alten Kontorhäusern und einem Packhaus abgerundet. Sie haben längst ausgedient und sind zu Wohn- und Geschäftshäusern umgebaut, und trotzdem liegt hier der Zauber einer beschaulichen Vergangenheit in der Luft. Es ist ein gemütliches Refugium im sonst so kühlen und nicht überall charmanten Kiel. Der Wiederaufbau nach dem Krieg musste schnell gehen, und so prägen im Wesentlichen kastenförmige Nachkriegsbauten das Gesicht der Stadt.

Aber nicht hier. Vor einem der alten Kontorhäuser sind Tische und Stühle aufgebaut und laden zum Verweilen ein. Aus der geöffneten Tür dringt Tangomusik heraus. Tango – das Musik gewordene Sinnbild der Sehnsucht, zugleich leidenschaftlich und kühl, verlockend und abweisend. Unwillkürlich denke ich an eine Hafenbar in Buenos Aires und stolze argentinische Tangueros, und schon entdecke ich schemenhafte Gestalten im Inneren der Kneipe. Sie wiegen sich zu den eckigen Rhythmen, eine Schuhspitze hebt sich vorwitzig und malt einen verwegenen Kreis in die Luft, während die Musik für den Moment eines Atemzugs bei einem langegezogenen Ton aus dem Schifferklavier verharrt, um sogleich in einer schwermütigen Melodie weiterzufließen.

Moment mal! Ich kneife kurz die Augen zusammen und schüttle den lateinamerikanischen Tagtraum von mir ab. Ich bin doch noch immer im biederen Kiel? „Hermann Tiessen" prangt ein Schild neben dem Eingang, und „Schiffsausrüstungen". Welche Art von Ausrüstungen sollen das denn sein? Tangokleider und Stöckelschuhe?

Des Rätsels Lösung ist auf seine Art auch eine originelle Geschichte voller Seefahrerromantik. Denn die heutige Tangokneipe war einst der Laden des Schiffsausrüsters Tiessen, nach dem der Kai schon seit den Siebzigerjahren benannt ist. Der alte Tiessen galt als Faktotum, bei ihm gab es alles, was das Seemannsherz begehrte. Sein Kontor war ein kleiner Tante-

Emma-Laden, hier kaufte man Reis und Mehl, Gemüse und Konserven, aber auch allerhand Schiffszubehör, und was das Lager nicht hergab, das organisierte Tiessen im Handumdrehen. Es heißt, dass er einem Kapitän eine Tischtennisplatte besorgte und einem anderen ein Klavier, und wer nachts um drei eine Pudelmütze und ein paar Flaschen Bier brauchte, dem schob er beides bereitwillig über den Tresen.

Der Schiffsausrüster Tiessen stellte eine Kieler Institution dar, doch alles hat einmal ein Ende. 2005 schloss Tiessens letzter Nachfolger den Laden aus Altersgründen. Aus dem kleinen Verkaufsraum wurde ein schlichtes Café. Die Schilder draußen am Haus ließ der Nachbesitzer aus Pietät einfach hängen, die alten grünen Regale blieben stehen. Der Mann hatte als Kapitän die Welt bereist und in Argentinien seine Liebe zum Tango entdeckt, der er von nun an in seinem kleinen Schiffercafé so richtig frönte. Das gefiel nicht nur ihm, der Tiessenkai entwickelte sich fortan zu einer Art Klein-Argentinien. Deshalb setzt der heutige Besitzer die Tango-Tradition zumindest am Sonntagnachmittag weiter fort, und seit das Schiffercafé mit seinen Fischernetzen und Petroleumlampen als atmosphärisch dichter Drehort für den Kieler Tatort entdeckt wurde, ist es auch kein Geheimtipp mehr.

Aber es ist ein toller Ort, um bei einem Glas Wein am Kai zu sitzen, dem Schiffsbetrieb an der Schleuse zuzusehen und sich dabei von den melancholischen Tangoklängen mit auf die Reise nehmen zu lassen – zumindest in der Fantasie.

Kieler Poller

Zutaten für die Brötchen:

500 g Mehl
250 ml Milch
1 Ei
80 g Butter (zimmerwarm)
80 g Schweineschmalz
1 Würfel Hefe
Salz
Mehl für die Arbeitsplatte

Zutaten für den Braten:

1 Rollbraten aus gepökeltem Schweinebauchfleisch, an der Schwartenseite rautenförmig eingeschnitten (ca. 1,2 kg, etwa 5 Tage vor der Zubereitung beim Metzger vorbestellen)
1 kg Sauerkraut
Senf, Salz

Zubereitung der Brötchen:

Die Milch lauwarm erhitzen und Hefe und Butter darin auflösen. In eine Schüssel geben, das Mehl hineinsieben, salzen und das Ei dazugeben. Kräftig zu einem geschmeidigen Teig verkneten. Mit einem Geschirrtuch abdecken und an einem warmen Ort 40 Minuten lang gehen lassen. Anschließend den Teig noch einmal kräftig durchkneten.

Dann auf einer eingemehlten Arbeitsplatte zu einer dicken Rolle formen. Die Rolle in 8 bis 10 Stücke schneiden. Nun die Hände mit Schweineschmalz einfetten, aus den Stücken jeweils Brötchen formen und auf ein mit Backpapier ausgelegtes Backblech legen. An der Oberseite kreuzförmig einschneiden. Abdecken und noch einmal 15 Minuten lang gehen lassen.

Den Backofen auf 180°C vorheizen. Eine Sprühflasche mit kräftig gesalzenem Wasser füllen und die Brötchen damit einsprühen, danach in den Ofen schieben. Nach etwa 15 Minuten noch einmal einsprühen und anschließend 5–10 Minuten lang weiterbacken, bis die Brötchen goldgelb sind. Herausnehmen und auf einem Rost abkühlen lassen.

Zubereitung des Bratens:

Den Backofen auf 150°C vorheizen. Den Braten mit der Schwartenseite nach oben in eine ausreichend große Auflaufform legen und auf der untersten Schiene in den Ofen stellen. Mit der Salzwasser-Sprühflasche während des Backvorgangs alle halbe Stunde den Rollbraten einsprühen.

Das Sauerkraut in einem Topf aufkochen und dann bei milder Hitze 2 Stunden lang köcheln lassen.

Nach 3 ½ Stunden den Rollbraten noch einmal einsprühen, dann die Hitze auf maximale Temperatur erhöhen. Den Braten weitere 30 Minuten lang knusprig backen, bis die Schwarte krosse Blasen wirft, anschließend aus dem Ofen nehmen, das Garn entfernen und den Braten in ca. 2 cm dicke Scheiben schneiden.

Die Brötchen aufschneiden, jeweils eine Scheibe Braten, etwas Senf und anschließend einen großen Löffel Sauerkraut darauflegen, zuklappen und genießen!

Man kann das Fleisch auch selbst einpökeln. Dazu kocht man 2 l Wasser mit 500 g Pökelsalz und 2 El Zucker, lässt es abkühlen und legt das Fleisch dann 4–10 Tage im Kühlschrank darin ein.

Heute an Bord, morgen geht's fort – Gorch Fock auf hoher See

Kiel, Oktober 1975. Eine milde Herbstsonne lässt das Wasser der Förde in sattem Blau leuchten. Möwengeschrei liegt in der Luft, ein Hauch von Ferne weht über das Meer. Eine Schar von etwa 160 jungen Männern ist auf dem Weg zur Blücherbrücke, sie tragen strahlend weiße Uniformen und pralle Seesäcke. Mit energischen Schritten eilen sie voran, Aufregung und Anspannung zeichnen sich auf ihren jungen Gesichtern ab. Sie sind Kadetten der Offiziersschule, hinter ihnen liegt die Grundausbildung und vor ihnen die Feuertaufe: Sie brechen zu einer fünfwöchigen Reise auf Deutschlands Flaggschiff auf, dem schmucken Segler Gorch Fock.

Einer von ihnen ist mein zukünftiger Mann. Natürlich hat auch er 1971 den spannenden Vierteiler „Der Seewolf" im ZDF gesehen und war von der dichten Atmosphäre aus Abenteuer und Seglerromantik gepackt. Ich selbst hätte damals am liebsten mein Bündel geschnürt und umgehend auf einem prächtigen Windjammer angeheuert, um ins Unbekannte aufzubrechen.

Doch wie groß ist die Ernüchterung der jungen Offiziersanwärter, als sie das stolze Aushängeschild der Deutschen Marine an der Pier liegen sehen! Ablandige Winde haben das Wasser aus der Kieler Förde gedrückt, wodurch der Wasserstand sehr niedrig ist. Die Gorch Fock duckt sich spielzeugklein an die

Pier. Lächerlich! Und auf diesem Schiffchen sollen nun an die 230 Mann – ein Drittel davon Stammbesatzung, der Rest Rekruten – fünf Wochen lang ausharren?

Wenn man der Gorch Fock dann näherkommt, ist das 1958 gebaute Schulschiff der Deutschen Marine doch gar nicht mehr so klein. Ihre Länge über alles, also vom hintersten festen Punkt am Heck bis zum Klüverbaumnock ganz vorne – mein Mann würde sagen, am Bug – sind es bis auf wenige fehlende Zentimeter satte 90 Meter. Die Gorch Fock verdrängt 2.000 Tonnen Wasser, hat eine Segelfläche von mehr als 2.000 Quadratmetern und drei Masten mit einer Höhe von 45 Metern im Vortopp, fast genauso vielen im Großtopp und immerhin noch knappen 40 Metern im Besantopp, mit anderen Worten hinten, wie ich als Laie sagen würde.

Kein Wunder also, dass die Enttäuschung der jungen Offiziersanwärter schnell wieder der Überwältigung Platz macht. Während das Marine-Musikkorps Ostsee dem auslaufenden Schulschiff ein paar feierliche Klänge hinterherschickt, geht es zunächst noch mit Motorkraft hinaus in die Förde. Hier kommt endlich der große Moment, alle Segel werden gesetzt und die Gorch Fock entfaltet ihre ganze Pracht. Es ist ein fantastisches Bild, das weiße Schiff mit seinen weißen Segeln, die weiß gekleidete Mannschaft und das endlose tiefblaue Meer unter einem nicht minder blauen Himmel. So scheint es, dass all die Seefahrerträume endlich Wirklichkeit geworden sind!

Der erste Tag verläuft mit ein paar harmlosen Manövern und endet um 22 Uhr – nein, nicht etwa in der Koje. Dafür ist nun doch nicht genug Platz auf der Gorch Fock. Es gibt Gemeinschaftsunterkünfte mit je rund 30 Hängematten, jeder bekommt einen 40 Zentimeter breiten und rund doppelt so hohen Kasten für seine persönlichen Utensilien – das ist alles.

Und schon am nächsten Tag ist es vorbei mit dem launigen Kreuzfahrerdasein. Von nun an heißt es für alle täglich um kurz nach sechs Uhr aufstehen. Dann folgt das Hängemattenmustern: Jeder muss seine Hängematte ordentlich zusammenpacken, denn der Platz wird im Laufe des Tages für den Unterricht gebraucht. Das Mattenbündel muss passgenau gerollt werden, früher einmal diente es bei Seenot als Schwimmweste – zumindest, bis es sich vollgesaugt hatte.

Dann folgt „Reinschiff". Nur mit der Turnhose bekleidet wird als Frühsport mit dem Hängemattenpaket an Deck eine Runde gelaufen, sodann vollbringen die Jungs mit nacktem Oberkörper an Wasserschüsseln eine Katzenwäsche im Freien – auch, als die Tage kälter werden und eine dünne Eisschicht auf den Schüsseln zu schwimmen beginnt. Schließlich müssen sie fit sein für die nachfolgende Musterung.

Und außerdem handelt es sich um keine Vergnügungsreise. Die angehenden Offiziere sollen vielmehr gestählt werden. Und ganz nebenbei haben sie an Bord die beste Gelegenheit, ihren Teamgeist zu entwickeln.

Der Tag vergeht mit Unterricht in Theorie und Praxis. Praxis, das bedeutet, das Schiff allein mit Körperkraft zu bedienen, und so aus der Nähe betrachtet ist es gar kein lächerliches Spielzeug mehr, sondern ein harter Brocken. Hier werden in den nächsten Wochen Muskeln gebildet, zumindest von denen, die nicht durch die Seekrankheit niedergeworfen werden.

Letztere ereilt allerdings so manchen hoffnungsvollen Nachwuchsseemann. Wer Glück hat, dem geht es nach ein paar Tagen wieder besser. Aber die größten Pechvögel verbringen den Rest der Reise unter Deck, sie kehren dann abgemagert und mit grünen Gesichtern wieder heim. Welch ein Segen, dass man bei der Marine auch eine Offizierskarriere machen kann, ohne weiter zur See fahren zu müssen.

Für alle anderen heißt die Devise nun „aufentern", und zwar nicht, indem man ein feindliches Schiff kapert, sondern vielmehr, indem man in die Takelage des Schiffs hinaufklettert. Ohne jede Sicherung geht es aufwärts in schwindelnde Höhe, und wie gefährlich das ist, haben die tragischen Unfälle der Vergangenheit immer wieder gezeigt. Erst wenn oben in den Rahen die Position erreicht ist, können sich die Leute sichern. 1975 geschah das noch mit einem um den Körper geschlungenen Seil und einfachen Karabinerhaken. Hier, auf den Querstreben schwankender Rahen, werden dann die Segel mit vereinten Kräften gehisst oder eingeholt.

Im theoretischen Unterricht geht es später um Seemannsknoten und Spleißen, vor allem aber auch um die endlos vielen verschiedenen Taue auf der Gorch Fock, von denen jedes einen anderen Zweck erfüllt. Deren Namen und Funktion müssen nun auswendig gelernt werden, damit man sie im Schlaf auseinanderhalten kann.

Bevor das zu langweilig wird, geht es wieder an Deck, denn dessen Teakholz will in Schuss gehalten werden. Schließlich ist die Gorch Fock so etwas wie Deutschlands Visitenkarte, läuft sie in ausländische Häfen ein, soll sie picobello aussehen. Die Szene kommt mir aus dem „Seewolf" bekannt vor: Nebeneinander knien die Jungs an Deck und schrubben jeden Zentimeter penibel mit Sand, Wasser und großen Steinen, den sogenannten „Gebetsbüchern", dabei werden sie vom Kommandierenden mit Argusaugen bewacht.

Im Anschluss wird dann zum „Potatendrehen" eingeteilt, noch so ein verhasster Dienst, denn das heißt nichts anderes, als stundenlang an Deck zu sitzen, vor sich einen Sack Kartoffeln, und diese unermüdlich schälen zu müssen. Es ist keine Gourmetkost, die in der Kombüse der Gorch Fock vor sich hin dampft.

Während der Nächte geht's in Wechselschichten von je vier Stunden an Deck zum Wachehalten, geschlafen wird von nun an nur noch in kurzen Etappen. Doch nachts, wenn die jungen Männer rücklings an Deck liegen und in die Sterne schauen, erwacht sie wieder, die lang ersehnte Seefahrerromantik.

Zu anderen Zeiten stellt sie sich ein, wenn mit einem Mal eine Schule Tümmler auftaucht und das Schiff für eine Weile begleitet, es umkreist und sich spielerisch mit ihm zu vergnügen scheint. Oder wenn die Gorch Fock hübsch herausgeputzt in einen fremden Hafen einläuft, Deutschlands Stolz vor Anker geht und alle Seeleute wissen, dass sie Teil dieses Stolzes sind. Wenn sie dann wieder ablegt und die Matrosen mit Muskelkraft den schweren Anker einholen, während oben am Spill einer das Akkordeon erklingen lässt und vertraute Seemannslieder die Mannschaft zur Weiterfahrt einstimmen.

Mit dem Frohsinn ist es freilich vorbei, als wenige Tage später ein Sturm aufkommt. Das Schiff wird von den sich hochtürmenden Wogen hin- und hergeworfen, stampft und schlingert. Einer stolpert und hat einen Bänderriss, einer bricht sich das Nasenbein. Alle Verletzungen richtet der Schiffsarzt, und die anderen prägen sich ein: immer eine Hand für den Mann, eine Hand fürs Schiff!

Der Sturm wird schlimmer. Er fetzt das erste Segel weg. Bei der nächsten Böe reißt der Innenklüver. Die Männer kämpfen gegen die Macht der Naturgewalt und brauchen jetzt alle Kraft, um die Segel einzuholen. Der Sturm steigert sich zum Orkan mit Windgeschwindigkeiten von bis zu 140 Stundenkilometern. Die See hat ein bedrohliches Grün angenommen, wütend tosen ihre Wogen. Auf einmal ist die eben noch so stolze Gorch Fock doch wieder klein wie ein Spielzeug, das sich im Winkel von 45 Grad zwischen brodelnder Gischt in die haushohen Monsterwellen neigt.

Als das Unwetter schließlich überstanden ist, hat es eins der Schiffsklos absaufen lassen. Der Inhalt, der sonst im Schiffsbauch in Tanks gelagert wird, steht 50 Zentimeter hoch im Toilettenraum. Da gibt es keine andere Wahl als Augen zu und durch. Mit Eimern schöpfen Matrosen die stinkende Brühe ab und kippen sie über Bord. Das ist natürlich streng verboten, aber die Not lässt keine andere Option. „Honigschleuder“ ist der Euphemismus, mit dem die Männer diese unerfreuliche Tätigkeit umschreiben.

Bevor die Gorch Fock schließlich wieder in den heimischen Hafen einlaufen kann, muss sie erst gründlich auf Vordermann gebracht werden. Einfaches Deckschrubben reicht jetzt nicht mehr, da wird Messing gewienert bis zum Abwinken und neue Farbe aufgetragen, bis alles wieder gleißt und blitzt. Wenn es dann endlich so weit ist, nehmen die Jungs Paradeaufstellung ein, was bedeutet, dass ein jeder in strahlend weißer Uniform auf seinen Platz in den Rahen hinaufklettert. Und da stehen sie dann in straffer Formation, wenn die Gorch Fock zurück in ihren Heimathafen Kiel einläuft, nach fünf harten Wochen auf See.

Hart, aber schön. Eine Erfahrung, die zumindest mein Mann um keinen Preis mehr missen will. Und nach dem ganzen Renovierungs-Fiasko wird die Gorch Fock auch in Zukunft wieder in See stechen, frisch aufgetakelt und mit neuen Rekruten hinaus auf hohe See.

Erbsen-Kartoffelsuppe mit Speck

Zutaten für 4 Personen:

500 g gelbe Erbsen
500 g Kartoffeln
300 g durchwachsener Speck (gewürfelt)
2 Möhren
¼ Sellerie
2 Zwiebeln
2 Lorbeerblätter
1 kl. Bund Petersilie
Speiseöl
geriebene Muskatnuss
Salz
Pfeffer

Zubereitung:

Die Erbsen abspülen und über Nacht in 2 l gesalzenem Wasser einweichen. Dann zusammen mit dem Wasser und den Lorbeerblättern erhitzen. Die Zwiebeln würfeln, Möhren und Sellerie klein schneiden, Kartoffeln schälen und würfeln.

In einer Pfanne etwas Speiseöl erhitzen und Zwiebeln und Speck kräftig anbraten. Anschließend zusammen mit Möhren und Sellerie zu den Erbsen geben. Aufkochen, die Hitze reduzieren, mit Pfeffer und Muskatnuss würzen und 1 Stunde köcheln lassen. Nun die Kartoffeln hinzugeben und alles weitere 20 Minuten köcheln lassen. Die Petersilie fein hacken und vor dem Servieren über die Suppe streuen.

Das ist ein typischer einfacher Seemannseintopf. Den Luxus frischer Petersilie gab es an Bord natürlich nicht. Bestenfalls noch eine Scheibe altbackenes Brot. Einkaufen konnte man nur, wenn das Schiff im Hafen lag, dazwischen blieb es aber wochenlang auf See.

Und natürlich wäre an dieser Stelle ein Rezept für Labskaus, das klassische Seefahrergericht, angemessen gewesen. Aber das steht schon im Nordsee-Lesebuch.

Feiern bis die Schwarte kracht – die Kieler Woche

Kiel, Sommer 2015. Unter vollen Segeln zieht die Gorch Fock einen wahren Reigen imposanter Rahsegler hinter sich her durch die Förde. Denn heute ist Windjammerparade, Höhepunkt der Kieler Woche. Mehr als 100 Groß- und Traditionssegler sind zu einem beispiellosen Defilee unter Führung der Gorch Fock aufgefahren, ihnen folgen historische Dampfschiffe und jede Menge kleiner Segelboote, ein unbeschreibliches Spektakel.

Bis zu diesem Zeitpunkt hat die Gorch Fock an der Tripitzmole im Marinestützpunkt gelegen. Dieser Liegeplatz hat 1997 den an der alten Blücherbrücke abgelöst. Anlässlich der Kieler Woche lädt man hier zum „Open Ship" ein, etliche Schiffe der Deutschen Marine sowie ausländischer Flottenverbände liegen an der Pier und lassen Besucher zu Besichtigungen an Bord. Da gibt es Zerstörer, Korvetten, Fregatten und Minensuchboote, doch die längste Schlange bildet sich auch 2015 vor der Gorch Fock. Natürlich will jeder mal über das Deck des Flaggschiffs der Deutschen Marine flanieren. Die Crew, die dabei Aufsicht führt, trägt es mit stoischer Fassung, wenn hunderte von Füßen mit nicht immer ganz sauberen Schuhen über das mühsam geschrubbte Teakholz trampeln und Tausende von Fingern ihre Tapser am penibel polierten Messing hinterlassen.

Auch wir sind dabei, mein Mann zeigt den Kindern stolz das schöne Schiff, bei dessen 47. Auslandsreise er 40 Jahre zuvor dabei gewesen ist. Jahrzehnte, die an der Gorch Fock scheinbar spurlos vorbeigegangen sind. Gute Pflege, das beweist jeder Quadratzentimeter. Es hapert nur an Stellen, die dem oberflächlichen Blick verborgen bleiben, was sich bei der Renovierung herausstellen soll, die im Dezember des gleichen Jahres beginnen und die Gorch Fock vorerst aus dem Verkehr ziehen wird.

Wir sind nach Kiel gekommen, um einmal die Kieler Woche zu erleben, jene legendäre Segelregatta, die schon seit Ende des 19. Jahrhunderts in der letzten vollen Juniwoche ausgetragen wird. Vom Olympiazentrum Schilksee aus finden die Wettfahrten statt. Angefangen mit der „Aalregatta" nach Eckernförde und zurück kämpfen bei etlichen Rennen gute 5.000 Segler aus mehr als 50 Nationen in 16 verschiedenen Bootsklassen um die besten Plätze.

Aber dafür interessieren sich unsere Kinder nicht so sehr. Wesentlich attraktiver als die Bootsrennen finden sie das bombastische Volksfest, zu dem sich die Kieler Woche im Lauf der Jahrzehnte entwickelt hat. In der Innenstadt findet es auf dem Rathausplatz und in der Fußgängerzone seinen Anfang mit dem „Internationalen Markt". An zahlreichen Fressbuden gibt es hier Spezialitäten aus aller Herren Länder, sozusagen eine kulinarische Weltreise mit kurzen Wegen. Wir haben die Wahl zwischen „Papa a la huancaina", einem Kartoffelgericht aus Peru, oder getrocknetem Purpurtang aus Korea. Am Stand von Südafrika werden Brötchen mit Zebrafleisch belegt, und Ruanda serviert gar Krokodil am Spieß. Die Polen haben Piroggen zubereitet, und nebenan beim Slowenen kann man selbige mit einem Gläschen Sliwowitz hinunterspülen. Da gibt es Spezialitäten aus Pakistan, aus Estland oder aus Sri Lanka, und auf der großen Bühne vor dem Rathaus runden Folklore- und Kulturgruppen das Spektakel ab.

Während die Erwachsenen nun immer satter werden und vom vielen Probieren der zu den ungewöhnlichen Leckerbissen offerierten alkoholischen Getränke vor allem auch immer beschwingter, zieht es die Kinder auf die Spiellinie, Europas größtes Kinder-Kultur-Festival unter freiem Himmel. Das finden sie deutlich spannender, als merkwürdige Dinge zu essen. Lieber tummeln sie sich auf der Krusenkoppel, wo die Veranstaltung jedes Jahr unter einem anderen Motto steht. Mal ist es der Dschungel, mal der Orient, mal das Schlaraffenland und mal die ganze Welt. Da gibt es Theater- und Musikprogramme, Bastelworkshops, in denen gebaut, gehämmert, gemalt und gematscht wird, da wird Papier geschöpft oder Holz gesägt, vor allem aber eine märchenhafte Fantasiewelt erschaffen.

Es ist schon ein bisschen schwierig, die Kinder davon wieder loszureißen, aber natürlich müssen wir noch zur Kiellinie. Das ist die Hafenpromenade an der Förde, sie beginnt am Ostseekai, dem Liegeplatz für Passagierschiffe direkt neben der Kieler Innenstadt. Und tatsächlich ist hier ein kolossales Kreuzfahrtschiff vor Anker gegangen. Es ist die schneeweiße MSC Poesia, mit einer Länge von knapp 300 Metern und einer Kapazität für 2.550 Passagiere gehört sie zwar zu den großen Schiffen, ist aber beileibe nicht das allergrößte. Trotzdem erscheint sie mir so aus direkter Nähe betrachtet gigantisch. Sie ist ein Koloss mit unzähligen Balkönchen und wirkt wie eine Art schwimmendes Groß-Sanatorium.

Ich reiße mich von dem spektakulären Anblick los, denn schließlich wollen wir jetzt die Kiellinie entlangflanieren. Sie führt an der Blücherbrücke vorbei und verwöhnt die Spaziergänger mit prächtigen Ausblicken auf das Ostufer der Förde mit seinen Werften und Portalkranen. Vor allem aber hat hier nun der Trubel Einzug gehalten, denn auf der gut zwei Kilometer langen Strecke präsentiert sich die „Bundesländermeile" der Kieler Woche. Eine Imbissbude reiht sich an die nächste. Wem der internationale Markt zu exotisch war, der findet hier Vertrautes, vom Kölsch bis zur Thüringer Bratwurst, vom Dresdner Handbrot bis zur Berliner Currywurst, vom Pfälzer Flammkuchen bis zum hessischen Apfelwein.

Und schon wieder wird gefuttert bis zum Abwinken. Die Kinder stehen starr vor der Backfischrutsche und sehen fasziniert dabei zu, wie in dem als Leuchtturm gestalteten zweigeschossigen Verkaufsstand unter großem Getöse frisch frittierter Fisch von der oberen Etage über eine Messingrutschbahn nach unten saust, wo den hungrigen Mäulern schon das Wasser im Munde zusammenläuft. Trotzdem verzichten die Kinder auf Fisch und vergnügen sich stattdessen mit einem neonfarbenen Getränk und frisch frittierten Kartoffelchips.

Die Kieler Woche wäre nicht das größte Volksfest in ganz Nordeuropa, wenn nicht auch abendliche Open-Air-Veranstaltungen das Event abrunden würden. Von Klassik über Shanty bis zu Popmusik, von Akrobatik über Straßentheater bis zur Comedy Show ist für jeden Geschmack etwas dabei.

Wohl dem, der das nun noch genießen kann, denn zwischen all dem vielen Essen und vor allem den unzähligen Gläsern Bier, Wein, Sekt, Schnaps und Cocktail bleibt zu fortgeschrittener Stunde manch einer auf der Strecke. Hoffentlich sind die meisten trotzdem noch fit genug, um das spektakuläre Feuerwerk zu bestaunen, mit dem die Kieler Woche am Tag nach der großen Windjammerparade zu Ende geht. Schließlich ist es eins der grandiosesten Feuerwerke Europas.

Wen interessiert jetzt noch die Segelregatta?

Backfisch in Bierteig mit Knoblauchsauce

Zutaten:

800 g Seefischfilet (z.B. Seelachs, Rotbarsch, Dorsch oder Rotzunge, Hauptsache, es ist eine Fischsorte mit festem Fleisch)
250 ml Bier
250 g Mehl
4 Eier
80 g Butter
Salz
Pfeffer
reichlich Speiseöl für die Fritteuse.

Für die Knoblauchsauce:
200 g Mayonnaise
200 g Schmand
100 g Joghurt
2 Schalotten
2 Knoblauchzehen
3 Stängel Dill
Saft von ½ Zitrone
1 Tl Zucker
Salz
Pfeffer

Zubereitung:

Für die Knoblauchsauce Mayonnaise, Schmand, Joghurt, Zucker und Zitronensaft zu einer homogenen Masse verrühren und mit Pfeffer und Salz abschmecken. Schalotten und Knoblauchzehen schälen, sehr fein hacken und unter die Sauce ziehen. Abgedeckt im Kühlschrank mindestens 2 Stunden lang durchziehen lassen. Kurz vor dem Servieren die Dillspitzen vom Stängel lösen und unterrühren.

Für die Zubereitung des Backfischs das Mehl gründlich mit dem Bier vermischen und die Masse mit Salz und Pfeffer würzen. Die Butter bei niedriger Temperatur schmelzen, dann unter die Mehl-Bier-Masse rühren. Die Eier in Eiweiß und Eigelb trennen, die Eiweiße beiseitestellen. Anschließend die Eigelbe unter die Mehl-Bier-Masse rühren und die Masse 20 Minuten lang quellen lassen. Danach die Eiweiße mit einer Prise Salz sehr steif schlagen und vorsichtig unterheben.

Die Fischfilets in mundgerechte Stücke schneiden, trocken tupfen und mit Salz und Pfeffer würzen. Die Fritteuse mit einer ausreichenden Menge Speiseöl füllen und auf 170°C erhitzen. Die Fischfilets nacheinander im Teig wälzen und dann ohne Frittierkorb im heißen Fett 5 Minuten lang ausbacken. Dabei jeweils nicht mehr als etwa 5 Stück frittieren, denn sie sollen sich beim Backen in der Fritteuse nicht berühren.

Mit einem Schaumlöffel herausnehmen, auf Küchenkrepp abtropfen lassen und mit der Knoblauchsauce servieren. Dazu passt krosses Weißbrot.

Die vergessene Stadt der Wikinger – Haithabu

Verlassen wir nun die Stadt Kiel und begeben uns hinaus auf die offene Ostsee. Ein schlankes Segelschiff gleitet über die Wellen, mit hoher Geschwindigkeit nähert es sich der Küste. Sein Ziel ist nicht die Kieler Förde und auch nicht die Bucht von Eckernförde, die es gerade passiert hat. Erst ein Stück weiter nördlich verlässt es die See und steuert einen Meeresarm an.

Es handelt sich um die Schlei, die bis weit ins Landesinnere der Kimbrischen Halbinsel hineinreicht. Wie die Kieler Förde ist sie während der letzten Eiszeit entstanden, jedoch nicht wie diese durch eine mächtige Gletscherzunge, sondern vermutlich durch abfließendes Schmelzwasser, das sich tief in das Land eingegraben hat. So tief, dass die Schlei fast bis zur Wasserscheide der Kimbrischen Halbinsel reicht, nämlich 40 Kilometer ins Land hinein. Von hier aus sind es nur noch etwa 16 Kilometer bis zum Flüsschen Treene, das bei Friedrichstadt in die Eider mündet, die dann weiter bis hin zur Nordsee führt. Damit stellte der Meeresarm Schlei bereits eine strategisch günstige und verkehrstechnisch äußerst praktische Verbindung zwischen Nord- und Ostsee dar, als an den Nord-Ostsee-Kanal noch lange nicht zu denken war.

Deshalb entstand hier, am Endpunkt der Schlei tief im Landesinneren, einst eine wichtige Stadt. Sie ist das Ziel unseres

Segelboots, und indem wir ihm nun in die Schlei hinein folgen, begeben wir uns auf die Reise in eine rund 1.000 Jahre zurückliegende Zeit. Denn unser Segelboot ist nichts anderes als ein Wikingerschiff.

Die Wikinger sind Söhne skandinavischer Bauern. Das karge Land und das kühle Klima des Nordens machen ihnen das Leben schwer, die eigene Scholle vermag es kaum, mit ihren dürftigen Erträgen alle hungrigen Mäuler zu stopfen. Da fällt es schwer, eine Zukunftsperspektive zu finden, wenn eine Familie mehrere Söhne hat und diese erwachsen werden. Aus der Not heraus haben sich solche Burschen seit dem 8. Jahrhundert zusammengetan und sind auf Beutezug gefahren. Ihre flinken, wendigen Schiffe sind allen anderen Bootstypen jener Zeit überlegen, und der Erfolg ihrer Raubzüge spornt sie zu immer neuen Überfällen an. In ganz Europa verbreiten sie Angst und Schrecken, denn sie dringen bis tief in den Mittelmeerraum und sogar bis in die arabische Welt vor, über Flüsse gelangen sie aber auch weit ins europäische Binnenland hinein. Sie kommen über den Rhein und über die Donau, über Seine, Rhône, Elbe, Dnjepr oder Don.

Doch irgendwann erweitern sie ihr Repertoire. Sie arbeiten nun nicht mehr länger ausschließlich als Piraten, abhängig von den regionalen Gegebenheiten beginnen sie auch mit Handelsgeschäften. Clever, wie sie sind, entscheiden sie jeweils, was lukrativer ist, plündern oder Geschäfte machen. So entwickelt sich mit den Jahren ein blühender Handel quer durch Europa und bis hin nach Arabien. Die nordischen Jungs, auch „Normannen“ genannt, haben alles Mögliche in ihrem Produktportfolio, Schwerter aus Frankreich, Tuche aus Friesland, Pelze aus Skandinavien, Brokat aus Byzanz, Wein aus dem Rheingebiet, Schmuck aus England, Südfrüchte aus Spanien, Bernstein von der Ostseeküste, Honig aus Russland und Gewürze aus dem Orient. Vor allem aber handeln sie mit Sklaven, die sie unterwegs rauben.

So richtig in Schwung kommt ihr Business aber erst, als sie an der Schlei eine Handelsmetropole gründen: Haithabu. Von hier aus haben sie direkten Zugang zur Ostsee, die kurze Strecke bis zur Treene lassen sie ihre Schiffe von Ochsengespannen ziehen oder transportieren die Waren auf Wagen. Von dort geht es dann ungehindert weiter in die Nordsee. Das bringt eine enorme Streckenersparnis auf der Handelsroute zwischen den beiden Meeren. Haithabu entwickelt sich so zum nordischen Tor zur Welt. Hier konzentriert sich der Handel zwischen Skandinavien, Russland, Britannien, dem Mittelmeerraum und dem Orient sowie dem nordeuropäischen Festland. Haithabu ist die älteste Handelsmetropole Nordeuropas.

Schon im 8. Jahrhundert hatten ein paar friesische Kaufleute die strategischen Vorzüge des Standortes entdeckt und eine Siedlung gegründet. Ein Jahrhundert später erkannte auch der dänische König die günstige Lage des Ortes und drängte seine Kaufleute dazu, sich hier anzusiedeln. Den Plan unterstützte er mit seinem mächtigen Heer, denn günstigerweise lag die neue Siedlung am Ochsenweg, der Heerstraße, die über den Höhenrücken in der Mitte der Kimbrischen Halbinsel von Skagen bis nach Norddeutschland führte. Mit den ortsgebundenen Händlern kamen ihre Spediteure: Die Wikinger machten Haithabu zu ihrem wichtigsten Umschlagsplatz für den Transithandel. Dank ihres kosmopolitischen Netzwerks blühte vor allem der Fernhandel mit Luxusgütern auf.

Der Hafen von Haithabu wurde immer weiter ausgebaut und erlaubte so auch das Anlanden größerer Schiffe. Im überschwemmungsgefährdeten Uferbereich siedelten die Stadtbewohner in einfachen Holzhütten. Im höher gelegenen Stadtgebiet entstanden die typischen Grubenhäuser, in die

Erde eingelassene Bauten mit Wänden aus Holzbohlen und lehmverkleidetem Geflecht. Ein neun Meter hoher Schutzwall umgab halbkreisförmig das 26 Hektar große Stadtgebiet. Das Dannewerk, eine quer über die Halbinsel verlaufende Befestigungsanlage im Bereich der Schleswiger Landenge, sorgte zusätzlich für Schutz vor Eindringlingen aus dem norddeutschen Raum. Die Stadtbefestigung von Haithabu wurde in dieses Bollwerk aus Gräben, Wällen und Mauern integriert.

Zur Blütezeit lebten an die 2.000 Menschen in Haithabu. Hinzu kamen Händler aus aller Herren Länder, die hier ihre Geschäfte abwickelten. Wer sich nicht aufs Handeln und Rauben verstand, der spezialisierte sich aufs Handwerk: Haithabu genoss großen Ruhm für seine filigranen Goldschmiedearbeiten, für solide geschmiedetes Werkzeug und für wirksame Waffen, Waren, die ihrerseits zu begehrten Handelsgütern wurden.

Das Jahr 1066 gilt als offizielles Ende der Wikingerzeit. Tatsächlich waren die Raubzüge schon vorher zurückgegangen, denn die Rahmenbedingungen hatten sich mit der Zeit geändert. Die früheren Opfer der wilden Piraten lernten, sich effektiv zu wehren, zudem zähmte die Christianisierung die rauen Wikingergesellen allmählich. Haithabu, das über die Jahrhunderte hinweg allen feindlichen Angriffen getrotzt hatte, wurde von slawischen Banden überfallen und dem Erdboden gleichgemacht. Schleswig am gegenüberliegenden Ufer der Schlei entwickelte sich zum neuen Handelszentrum, Haithabu geriet in Vergessenheit.

Nur in alten Legenden überlebte das Wissen um die einst so bedeutende Stadt. Es dauerte bis zur vorletzten Jahrhundertwende, bevor man sich an Ausgrabungen machte. Während deutsche Archäologen um die Welt zogen und Troja entdeckten, ägyptischen Sand durchsiebten, römische und griechische

Gemäuer inspizierten oder den Nahen Osten nach Spuren der biblischen Geschichte durchforsteten, sind von Haithabu bis heute nur etwa fünf Prozent freigelegt, vom Hafen sogar nur geschätzte anderthalb Prozent. Überhaupt ist Haithabu als Teil unserer Vergangenheit nur wenig präsent.

Das mag daran liegen, dass die Stadt einst auf dänischem Boden gelegen hat. Erst in der zweiten Hälfte des 19. Jahrhunderts verleibte sich Preußen nach langem Hickhack das südliche Landgebiet des Herzogtums Schleswig ein. Das alte Haithabu gehört aber historisch zur nordischen Wikingergeschichte. Sein Name stammt aus dem Altnordischen und bedeutet so viel wie „Heidehof".

So war es auch ein dänischer Archäologe, der sich schließlich als Erster an die Erforschung der alten Siedlung machte. Seit 1985 gibt es hier ein Wikingermuseum, das Besuchern die Geschichte von Haithabu zugänglich macht. Das spektakulärste Ausstellungsstück ist ein 1979 geborgenes Wikingerschiff, das 1050 bei einem Angriff auf die Stadt versenkt worden war. Im Inneren des noch erhaltenen Halbkreiswalls, der Haithabu umgab, hat man sieben Wikingerhäuser originalgetreu rekonstruiert und über Bohlenwege miteinander verbunden.

Im Juni 2018 wurde Haithabu von der UNESCO als Weltkulturerbe anerkannt, ein Jahr später fand die offizielle Verleihung des Titels statt. Haithabu und das Dannewerk gelten dabei als Zeitzeugnisse von absolut herausragender Bedeutung. Höchste Zeit also für die Wiederentdeckung von Haithabu!

Gewürzwein nach Art der Wikinger

Zutaten:

3 l trockener Rotwein
100 g brauner Zucker
100 g flüssiger Waldhonig
100 ml Rosenwasser
3 Tl frisch geriebener Ingwer
1 Zimtstange
4 Nelken
2 Sternanis
2 Msp. geriebene Muskatnuss
6 Körner Piment
10 Pfefferkörner
1 Vanilleschote

Zubereitung:

Die Vanilleschote aufschneiden und zusammen mit allen anderen Zutaten in einen Topf geben. Langsam bis auf ca. 70°C erhitzen, auf keinen Fall heißer werden oder gar aufkochen lassen. 15 Minuten lang bei dieser Temperatur halten, dabei rühren, damit Zucker und Honig sich im Wein lösen. Anschließend abkühlen und 3 Stunden lang ziehen lassen, und schließlich durch ein Tuch filtern. In Flaschen abfüllen und gekühlt genießen. Im Kühlschrank hält sich der Wein gut drei Wochen lang.

Von Malern und Bildhauern – die Küstenlandschaft der Ostsee

Was für ein erhebender Moment muss es gewesen sein, als der junge Mann zum ersten Mal die Kreidefelsen von Rügen erblickte! Er fühlte sich zur Malerei berufen und hatte sich deshalb in Dresden angesiedelt, schon zur damaligen Zeit eine Hauptstadt der Künste. Von hier aus war er 1801 zu Fuß in Richtung Norden aufgebrochen. Ihn trieb der Wunsch, die deutschen Landschaften zu erkunden, denn er wollte seinen Bildern eine Seele einhauchen. Mit den wachsenden Städten war bei deren Bewohnern nämlich auch die Entfremdung von der Natur gewachsen. Die Deutschen ergriff infolgedessen eine tiefe Sehnsucht nach deren Schönheit und Mystik. Die deutschen Gefilde wurden idealisiert und verklärt, die Epoche der Romantik brach an.

Der 26-jährige Maler sollte ein wahrer Meister der Romantik werden, sozusagen ihre Personifizierung. Er trug den Namen Caspar David Friedrich. Auch in den folgenden Sommern kehrte er immer wieder nach Rügen zurück und unternahm dort ausgedehnte Wanderungen. Es entstanden unzählige Skizzen und Zeichnungen von der Insel und vom Leben der ansässigen Bauern und Fischer. Aber es dauerte noch bis zum Sommer 1818, bis Friedrich sein berühmtestes Rügener Gemälde schuf: die Kreidefelsen. Es zeigt die Steilküste, das Meer und vor allem die schroffen schneeweißen

Felsen, die in der Bildmitte zu bizarr spitzen Formationen abgebrochen sind.

Dabei handelt es sich um die Felsen der Kleinen Stubbenkammer südlich der Victoriaaussicht, die höchsten der Rügener Kreidefelsen. Heute haben sie freilich andere Formen angenommen, denn das weiche Kreidegestein ist gegenüber der Erosion besonders empfindlich.

Dichte Buchenwälder umgeben die Rügener Kreidefelsen und gestalten so eine prächtige Gesamtkomposition aus weißem Fels, blauem Meer und grünem Wald. Kein Wunder, dass Caspar David Friedrich deren romantisches Potenzial erkannte.

Zur Stubbenkammer gehört auch der Königsstuhl, ein imposanter Kreidefelsvorsprung, der 118 Meter hoch aus dem Meer emporragt. Es heißt, dass in grauer Vorzeit aus einer Gruppe von Bewerbern derjenige zum König erklärt wurde, dem es als Erstem gelang, diese Felswand vom Meer aus zu erklimmen. Ein Unterfangen, von dem auch beherzte Freeclimber besser Abstand nehmen sollten, denn die Kreide ist porös und brüchig, es empfiehlt sich nicht, ihrer Abbruchkante zu nahe zu kommen. Immer wieder bröckeln kleinere oder größere Teile davon ab, das Gesicht der Küste ändert sich daher ständig.

Die Kreidefelsen sind Überreste der kalkhaltigen Schalen von kleinen und kleinsten Bewohnern eines tropischen Flachmeers, das hier vor rund 70 Millionen Jahren existierte. Schon seit dem Zeitalter des Karbon vor mehr als 280 Millionen Jahren hatte die Landmasse im Norden von Mitteleuropa damit begonnen, sich abzusenken. Es entstand ein Becken von gewaltigem Ausmaß, das von einem Meer bedeckt wurde. Erst viele Jahrmillionen später fiel das Becken wieder trocken, in der Zwischenzeit hatten sich mächtige Sedimentschichten gebildet.

Als dann die Eiszeiten hereinbrachen, türmten sich Gletschermassen im Bereich der heutigen Ostsee 2.000 Meter hoch auf. Ihr enormes Gewicht sorgte für eine weitere Absenkung des Untergrunds. Außerdem blieben die Eisströme in ständiger Bewegung, sie hobelten und schliffen an den Landmassen Skandinaviens herum und wuchteten den Abrieb über weite Strecken bis hin ins nordeuropäische Tiefland. An den südlichen Endausläufern bildeten sich aus diesem Material girlandenförmige Endmoränen vor den Gletschern. Unter den Eismassen lagen gewaltige Tunnel und Röhren, durch die das Schmelzwasser schoss, und vor den Eisriesen sammelte es sich zu ausgedehnten Seen. Es waren ungeheure Kräfte, die auf die Ostseelandschaft einwirkten.

Die heutige Ostsee entstand erst nach dem Abschmelzen der letzten Eiszeitgletscher. Aber sie ist maximal nur 459 Meter tief, das Gewicht des Wassers ist nichts im Vergleich zu den Lasten, mit denen der Eispanzer einst auf die Kontinentalplatte drückte und sie damit zum Absinken zwang. Seit sie davon befreit ist, hebt sie sich im Osten ganz allmählich wieder. Dadurch bedingt steigt der Küstenbereich der Ostsee im Nordosten jedes Jahr um mehrere Millimeter an. Zum Ausgleich senkt er sich im Westen des Meeres ab. Damit ist die Ostsee so etwas wie ein gigantischer Suppenteller, der zur Nordsee hin ausgekippt wird. Weil es sich dabei aber um geologische Zeiträume handelt, brauchen wir uns vorläufig keine weiteren Gedanken darüber zu machen.

Ein Nebeneffekt der Hebung im Nordosten ist es gewesen, dass die dortige Verbindung zum Weltmeer irgendwann abriss. Zeitweilig wurde die Ostsee damit zu einem riesigen Brackwassersee, der Salzgehalt ging rapide zurück. Erst als die Senkung im südwestlichen Bereich eine neue Verbindung um die Kimbrische Halbinsel herum zur Nordsee hin schuf, konnte wieder Salzwasser in die Ostsee eindringen. Ihr Salzgehalt ist aber noch immer nur halb so hoch wie der des Weltmeeres, im Westen ist er deutlich höher als im Osten.

Die dauernden Hebungen und Senkungen haben die Grundlage für die Formenvielfalt der Ostseelandschaften geschaffen. Wind, Temperaturen und Wasserkraft taten ein Übriges dazu, die heutigen Küstenformen zu modellieren.

So kam es im Bereich der früheren Endmoränen, wo die Kraft der Gletscher das Land nicht mehr nach unten drückte und zusätzlich die mitgebrachten Sedimente abgelagert wurden, zur Bildung von Steilküsten. Im Fall von Rügen kam noch hinzu, dass die Ausläufer der Eismassen das Land rechts und links in die Zange genommen und dadurch ganz besonders stark zusammengequetscht hatten.

Eigentlich gäbe es hier nun bloß einen Bergrücken, doch Wellen und Sturmfluten schlagen fortdauernd mit gewaltiger Kraft gegen die Insel und reißen somit im Laufe der Jahrtausende immer mehr Material heraus. Sie unterhöhlen die Küste so lange, bis die überlagernde Steilwand hinabbricht, dann reiben sie die abgestürzten Gesteinsmassen klein und schleudern sie beim nächsten Sturm mit Macht zurück gegen die Küste. Dadurch erodiert diese immer weiter, und die Gesteine werden immer feiner zermahlen.

Die kleinsten Sandkörner nehmen die Wellen mit und verfrachten sie der Windrichtung folgend weiter entlang der Küste. Im Bereich von Buchten lagern sich die Sandkörnchen im Laufe der Zeit hakenförmig ab und gleichen damit Unregelmäßigkeiten im Küstenverlauf aus. Erreichen die Sandablagerungen das andere Ufer der Bucht, werden sie zur Nehrung, die Bucht wird zum Haff. So nennt man einen vom Meer abgetrennten Brackwasserbereich, und diese Küstenform ist typisch für den östlichen Bereich der Ostsee. Mit der Zeit verlanden die Haffs und es kommt zur Bildung der sogenannten Ausgleichsküste, eine Form, die wiederum für den südwestlichen Teil der Ostseeküste typisch ist.

Zwischen Vorpommern, Oderbucht und Lübecker Bucht gibt es noch den Bereich der Boddenküste. Sie wird durch langgezogene Endmoränenwälle gebildet. Über Durchbrüche ist das Meer stellenweise mit Seen im Landesinneren verbunden, wodurch Lagunen entstanden sind. Und schließlich besteht die Ostseeküste noch aus Förden, die wie die Schlei von Schmelzwassern gebildet wurden oder durch Gletscherzungen wie die Kieler Förde oder die Eckernförder Bucht.

Die Eismassen waren also die Bildhauer einer Vielzahl von Küstenformationen, denen die Erosion dann den letzten Schliff gab. Bestimmt hat sich auch Caspar David Friedrich gefragt, wie es zur Entstehung der markanten Felsen von Rügen gekommen ist. Er stand in enger Beziehung zu den Freimaurern, dem berühmten Geheimbund, der sich Toleranz, Brüderlichkeit und Humanität verschrieben hat. Die Freimaurer bedienen sich aber auch einer Vielzahl von Symbolen und mystischen Ritualen. Von da ist es nur ein kleiner Schritt bis zum ehrfürchtigen Erstaunen vor den Wundern der Natur, die alle Mystik in sich vereinen. Vermutlich fand es Friedrich wichtiger, diese Großartigkeit darzustellen, als ihren Ursachen auf den Grund zu gehen und sie damit womöglich am Ende zu entzaubern. Eines ist aber gewiss: Die Ostseeküste ist nicht nur abwechslungsreich, sondern auch wunderschön.

Soljanka – ein Eintopf aus dem Osten

Zutaten für 4 Personen:

200 g Fleischwurst
200 g Salami
400 g Kassler
200 g gewürfelter Speck
6 Gewürzgurken mit Sud
2 rote Paprika
2 gelbe Paprika
3 Zwiebeln
6 Tomaten
Saft von 1 Zitrone

Paprikapulver (edelsüß)
100 ml Gemüsebrühe
50 g Tomatenmark
10 g Kapern
200 g Schmand
Speiseöl
Zucker
Salz
Pfeffer

Zubereitung:

Zunächst einen „Letscho" zubereiten: Die Paprika waschen, vierteln und die Kerne entfernen. Mit der Hautseite nach oben auf ein Backblech legen, mit Öl einpinseln und im Backofen auf höchster Stufe grillen, bis die Haut dunkel wird. Unter einem feuchten Geschirrtuch abkühlen lassen, dann die Haut abziehen und die Paprika würfeln. Die Tomaten kurz mit siedendem Wasser überbrühen, dann ebenfalls häuten und würfeln. Die Zwiebeln schälen und würfeln. Ein Drittel davon beiseitestellen, den Rest in einer Pfanne mit etwas heißem Öl und der Hälfte des Specks anschwitzen. Die Tomaten und die Paprika hinzugeben, mit Paprikapulver, Salz und Pfeffer würzen, die Gemüsebrühe hinzugießen, aufkochen und danach abgedeckt bei milder Hitze 30 Minuten lang köcheln lassen.

Fleischwurst, Salami, Kassler und Gurken würfeln. In einem Topf 1 Liter Wasser aufkochen, Kapern, Gurken und Gurkensud hineingeben und köcheln lassen. In einer Pfanne zunächst den restlichen Speck braten und dann mit in den

Topf geben, nun jeweils nacheinander in etwas Öl Kassler, Fleischwurst, Salami und restliche Zwiebeln anbraten und danach in den Topf geben. 1 Tl Zucker hinzugeben, mit Salz, Pfeffer und Paprika abschmecken und ½ Stunde lang köcheln lassen. Anschließend den Letscho, das Tomatenmark und den Zitronensaft unterrühren.

Mit Graubrot und einem Klecks Schmand servieren.

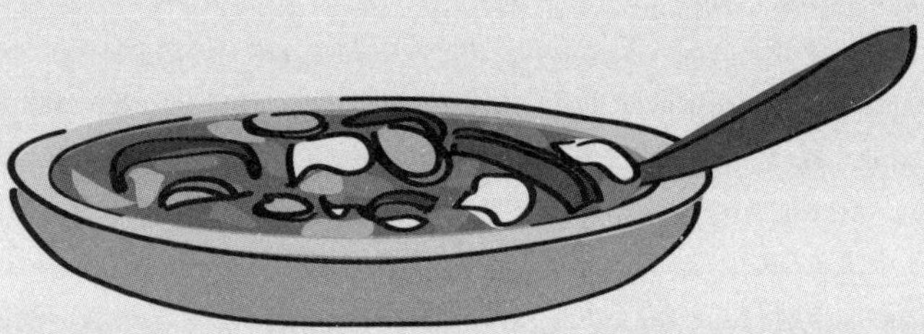

Die weiße Stadt am Meer – Heiligendamm

„Freude empfängt dich hier nach dem gesunden Bade.“ Ein wohliges Lächeln glitt über das Gesicht des Herzogs, als sein Blick auf die Inschrift über dem Säulengang seines Kurhauses fiel. Wie sehr war ihm sein Vorhaben doch geglückt! Und wie recht hatte sein Leibarzt gehabt, als dieser dem geplagten Adelsmann heilende Kurbäder im wohltuenden Meerwasser dringend empfahl! Die Salzwasserkur wirkte wunderbar entspannend, und die Seeluft belebte den Geist, der vom Denken in staubigen Amts- und Regierungstuben, von mühsamen Konferenzen und weittragenden Entscheidungen so überaus geplagt war. Der Herzog seufzte und schloss genießerisch die Augen.

Schneeweiß erhoben sich die prachtvollen Logier- und Badehäuser des Seebades, das in seinem Auftrag aus dem Boden gestampften worden war. Eine Vision war Wirklichkeit geworden: Herzog Friedrich Franz von Mecklenburg hatte das allererste Seebad Deutschlands erschaffen. Einer Perlenkette gleich reihten sich dessen Gebäude zu einem klassizistischen Gesamtkunstwerk am Strand beim Städtchen Doberan aneinander. Noblesse und Schönheit in Grasgrün, Himmelblau und strahlendem Weiß, den Farben der Ostsee. Perfekt!

Schnell sprach es sich nach der Eröffnung im Jahr 1793 in den besseren Kreisen herum, dass in Doberan eine Perle der

Erholung erblühte. Die Anlage unterstand den herzoglichen Behörden, welche dafür Sorge trugen, dass nur handverlesene Gäste in den Genuss einer Kur kamen und Logis in den feinen Villen der „Perlenkette" nahmen. Im Laufe der Jahrzehnte weilten hier Angehörige der russischen Zarenfamilie und des europäischen Hochadels, Königin Luise von Preußen entspannte hier genauso wie Rainer Maria Rilke oder Wilhelm von Humboldt. Wer etwas auf sich hielt, der kam nach Heiligendamm.

Auf diesen Namen hatte man das Kurbad getauft, denn seine Küste wird durch ein natürliches Bollwerk geschützt. Der „heilige Damm" besteht aus Endmoränenmaterial, das Sturmfluten sehr wirkungsvoll Einhalt gebietet, noch bevor sie den Strand erreichen können. Zwar wird die Ostsee nicht so regelmäßig von verheerenden Fluten heimgesucht wie ihre raue Schwester, die Nordsee. Dennoch kommt es mitunter auch hier zu Sturmhochwasser. Die schlimmste bekannte Flut ereignete sich im Jahre 1872, doch Heiligendamm wurde dank seines „heiligen Damms" vor großen Schäden bewahrt. Die Legende weiß, dass dieser Damm einst während einer bedrohlichen Wetterlage durch die Fürbitten frommer Mönche entstand. In Wirklichkeit ist es aber wohl das Meer gewesen, das Steine und Felsbrocken zu einem sehr effektiven Wall aufschüttete.

So bildete Heiligendamm ein wohlbehütetes Refugium. Zwischen Kurhaus, Villen, Hotel, Orangerie und Kindervilla tummelte sich die bessere Gesellschaft fernab vom Mob, denn Doberan lag weit weg von größeren Städten, Ballungsgebieten und industriellen Zentren. Die Anreise stellte sich entsprechend langwierig dar, aber das spielte keine Rolle. Man hatte ja Zeit. Und die Gewissheit, unter seinesgleichen zu bleiben, war der Mühe wert.

Aber die Welt veränderte sich. Mit dem Ersten Weltkrieg kam der allmähliche Niedergang der blaublütigen Elite. Das Seebad war schon Ende des 19. Jahrhunderts von der Herzogsfamilie in private Hände verkauft worden und schlingerte nun langsam aber sicher in den Konkurs. Ein jüdischer Bankier nahm sich der Sache in den Zwanzigerjahren des letzten Jahrhunderts an und rettete Heiligendamm damit kurzfristig vor dem Bankrott. Doch durchtrieben ergriffen die Nazis schon bald Maßnahmen, um den Mann zu enteignen. Aus dem Kurbad der Adelselite wurde im Zweiten Weltkrieg ein Heerlager und Lazarett.

Dann kam die Zeit der DDR. Das sozialistische Regime konnte mit dem Konzept des erblichen Anspruchs auf eine exklusive gesellschaftliche Stellung nichts anfangen und transformierte Heiligendamm zu einer Fachschule für angewandte Kunst. Auch ein Ferienlager für Kinder aus Berlin und der Tschechoslowakei sowie für Sprösslinge von Angehörigen der sorbischen Minderheit in der Lausitz wurde eingerichtet. Leider vernachlässigte man die Bauten in dieser Zeit aber auch, es entstand ein erheblicher Sanierungsstau.

Der an sich lobenswerte Gedanke, die alte Adelsstadt dem Wohle der Allgemeinheit anzudienen, erstarb mit der Wiedervereinigung. Die Augen des Kapitalismus blitzten angesichts des vermuteten Potenzials der Prachtanlage, und schließlich erhielt Kempinski in den Neunzigerjahren den Zuschlag zur Einrichtung eines Hotelkomplexes in der Kategorie Fünf-Sterne-plus. Damit schien der Weg geebnet, um Heiligendamm endlich wieder der gehobenen Gesellschaft vorzubehalten – und sei es nur der Geldadel, der nun Einzug halte.

Dann gelang den neuen Herrschern von Heiligendamm ein genialer Schachzug. Sie gewannen die Bundesregierung für die Idee, 2007 einen G8-Gipfel vor der Kulisse klassizistischer Schönheit auszurichten. Das Bild von Angela Merkel in trauter Eintracht mit George W. Bush, Wladimir Putin, Nicolas Sarkozy, Tony Blair und anderen Staatschefs, raffiniert in einen überdimensionierten Strandkorb drapiert, ging um die Welt und war besser, als es der gewitzteste Werbegag hätte sein können.

Leider prägten sich aber die Bilder der demonstrierenden Globalisierungsgegner von Attac mindestens genauso gut ein und standen in scharfem Gegensatz zu dem mit fast grotesker Offenheit demonstrierten Luxus hinter dem Zaun. Dieser Zaun war es, der zum Symbol für den Wahnsinn der Veranstaltung geriet. Für geschätzte 12,5 Millionen Euro hatte die Bundesregierung den gesamten Tagungsort auf einer Strecke von zwölf Kilometern Länge mit einem 2,50 Meter hohen Zaun inklusive Stacheldraht und Kameraüberwachung umfriedet und so ein neues Sinnbild für elitäre Abgrenzung geschaffen. Eine Notwendigkeit, um Regierungschefs und zugehörigen Tross vor dem protestierenden Volk abzugrenzen, aber für die Werbewirksamkeit des Gipfels eine höchst kontraproduktive Maßnahme.

So stellte sich der erhoffte Besucherandrang aus aller Welt denn auch nach dem Gipfel nicht ein. Es kamen ein paar Familien aus Berlin, nur um festzustellen, dass die Zimmerpreise des Luxushotels sich eher nicht auf dem Niveau ihres Budgets bewegten. Ausländische Gäste blieben weitgehend aus, und nun erwies sich als frappanter Nachteil, was in früheren Zeiten ein Vorzug gewesen war: Heiligendamm liegt mitten im Nirgendwo. Die Anreise ist weit und beschwerlich, hierher kommt man nicht mal eben fürs Wochenende.

Da halfen auch Sternerestaurant, Yoga-Sessions und Kitesurfing-Kurse nicht weiter. Selbst der historische Reiz der Schmalspurbahn Molli, mit der seit 1886 das letzte Stück von

Doberan nach Heiligendamm überwunden werden kann, lockte keine Besucherscharen an. Und sogar das Angebot, sich per Limousine vom Rostocker Flughafen abholen zu lassen, zog nicht wirklich.

Ein weiteres Problem ergab sich daraus, dass die Gemeinde Doberan darauf besteht, einen öffentlichen Weg mitten durch das Hotelgelände verlaufen zu lassen. Das eröffnete einem neuen Volkssport Tür und Tor: In Scharen kamen Neugierige zum „Reiche gucken", nicht gerade verlockende Zustände für die Hotelgäste, die sich wie Affen im Zoo begafft fühlten und dafür auch noch viel Geld berappen mussten.

Alle weiße Farbe und aller Glanz konnte das verschlafene Heiligendamm zudem nicht von seinem leicht angestaubten und modrigen Image befreien. Die Auslastung der Nobelherberge lag im Jahresdurchschnitt nicht höher als 44 Prozent, die Pleite war vorprogrammiert. 2009 zog sich Kempinski aus dem Geschäft zurück. Das Hotel wurde von der Entwicklungsgesellschaft Heiligendamm, der die Gebäude seit 1996 gehören, weiterbetrieben. Doch auch diese konnte die Insolvenz nicht abwenden, die schließlich im Februar 2012 erklärt werden musste. Ein Steuerberater aus Hannover trat danach auf den Plan, um das Hotel als Luxusressort weiterzuführen und behutsam umzugestalten.

Und allen Schwierigkeiten zum Trotz sei ihm der Erfolg gegönnt. Denn Heiligendamm mag in die Jahre gekommen sein, es mag gestrig, hinterwäldlerisch und ein wenig morbide sein. Doch aus der Vision des Herzogs Friedrich Franz ist auch eine bedeutende kulturhistorische Stätte geworden, sie ist eine architektonische Perle am Ostseeufer.

Gänsebraten aus Heiligendamm

Zutaten für 4–6 Personen:

1 küchenfertige Gans (ca. 3–4 kg)
200 g Backpflaumen
100 g Rosinen
3 Äpfel
2 Scheiben Schwarzbrot
50 g gewürfelter Speck
100 g flüssiger Honig
100 ml trockener Weißwein
Speisestärke
Salz
Pfeffer

Zubereitung:

Die Gans innen und außen kräftig salzen und pfeffern. Das Schwarzbrot klein zerbröseln. Die Äpfel schälen, entkernen und würfeln. Äpfel, Backpflaumen, Schwarzbrot, Speck und Rosinen miteinander vermischen, die Gans damit stopfen und zunähen. Den Backofen auf 160°C erhitzen, 2 Tassen Wasser in einen Bräter geben, die Gans mit der Unterseite nach oben hineinlegen und in den Ofen stellen. 2 Stunden braten lassen, ab und an mit dem Wasser übergießen. Dann die Gans umdrehen und weitere 2 Stunden braten lassen. Anschließend die Temperatur auf 180°C erhöhen und ½ Stunde weiterbacken.

Wein und Honig in einen Topf unter Rühren leicht erhitzen, damit sich beides gut vermischt. Die Oberseite der Gans mit dieser Mischung einpinseln und die Grillfunktion des Backofens hinzuschalten. Nach 10 Minuten erneut mit der Honig-Wein-Mischung einpinseln und so lange backen, bis die Haut goldbraun und kross ist. Die Gans aus dem Bräter nehmen, nicht abdecken. Den Bräter auf den Herd stellen, den Sud aufkochen und mit etwas Speisestärke abbinden. Mit Salz und Pfeffer abschmecken. Die Gans tranchieren, auf einer Platte anrichten und die Füllung ringsumher anrichten.

Dazu passen Rotkohl und Kartoffelklöße.

Der ewige Reiter – die Karl-May-Festspiele von Bad Segeberg

Er reitet wieder. Er ist der ewige Reiter, denn für uns wird er immer reiten. Er ist das Sinnbild des edlen Wilden, ein wahres Synonym für Aufrichtigkeit, Anstand, Ehrlichkeit, Mut und unerschütterliche Treue. All die vielen Worte kann man sich sparen, man braucht nur seinen Namen zu nennen: Winnetou. Ganzen Generationen geht beim Klang dieses Wortes das Herz auf, da ist er, der Zauber von Heldentum und Abenteuern, von einer Welt unbegrenzter Freiheit, in der stets das Gute siegt. Und seit den Sechzigerjahren des vergangenen Jahrhunderts hat Winnetou sogar ein richtiges Gesicht bekommen: das des Franzosen Pierre Brice.

Den Kindheitstraum, einmal wirklich und wahrhaftig den echten Winnetou live reiten zu sehen, können heutige Kids nur noch schwer nachvollziehen. Wenn ich meinem im Jahr 2000 geborenen Sohn vorschlug, einen der alten Winnetoufilme anzuschauen, dann verdrehte er die Augen und gähnte herzhaft. Die Zeiten ändern sich, und Pierre Brice reitet schon lange nicht mehr. Folge ich nur dem Nebelschweif einer fast verblassten Erinnerung?

Eine pastellfarbene Dämmerung senkt sich über die schroffen Felsen. Die erhabenen Klänge der Winnetou-Melodie schwellen zu einem ergreifenden Höhepunkt an, da galoppiert er auch schon mit wehendem schwarzem Haar auf einem feurigen Schimmel in die sandbedeckte Manege. Souverän lächelnd reitet er dann ein paar schnelle Runden, der Sand wird von den tänzelnden Hufen hochgeschleudert. Die Augen vieler Zuschauer leuchten, ein paar Aaahs und Ooohs schallen ehrfürchtig von den Rängen. Wir wissen natürlich alle, dass ein echter Westmann niemals einen Schimmel reiten würde und dass Iltschi ein Rappe war, aber das spielt jetzt keine Rolle.

Bad Segeberg 1990, der 61-jährige Pierre Brice zeigt an diesem Abend 7.500 begeisterten Fans, dass er es noch draufhat. Am Ende sind es in diesem Jahr insgesamt fast 300.000, die Zeugen seines wilden Ritts durch das Westernstück „Winnetous letzter Kampf" werden. Und das, obwohl es überhaupt nicht sein letzter Kampf ist, denn schon im nächsten Jahr wird er wieder im Sattel sitzen, dieses Mal allerdings zum wirklich allerletzten Mal, wenn es heißt „Winnetou – Das Vermächtnis". Hinter den so hochtrabend klingenden Namen verbergen sich laut Kritik simple Theaterskripts, die „eine wort- und tatengenaue Zusammenstückelung aus verschiedenen vorhandenen Filmen und Büchern" sind. Aber das ist egal. Dem Publikum geht es schließlich nicht um den intellektuellen Mehrwert der Performance. Hier geht es um nichts Geringeres als um das kurzzeitige Wiederaufflammen eines der schönsten Feuer, an welchem wir uns in unserer Kindheit gewärmt haben. Und ich war dabei, damals in Bad Segeberg 1990. Da blickte die berühmte Freilichtbühne vor der wildromantischen Kulisse des Segeberger Kalkbergs schon auf eine fast 40-jährige Geschichte als Rahmen für alljährliche Karl-May-Festspiele zurück.

Alles hatte zu Beginn der Fünfzigerjahre seinen Anfang genommen. Die schreckliche Kriegszeit und die entbehrungsreichen ersten Nachkriegsjahre waren überstanden, es mag wohl sein, dass die Bad Segeberger sich an die Lektüre ihrer Kindertage erinnerten und nach der heilen Welt zurücksehnten, die sie ihnen geschenkt hatte. Denn die Welt gestaltete sich einfach und klar in den Büchern von Karl May, unterteilt in Gut und Böse, in Schurken und Edelmänner, schwarz und weiß. Da wusste man gleich, auf welche Seite man sich zu stellen hatte, Grautöne gab es nicht.

Dumm war nur, dass der große Schriftsteller damals dem Hoheitsgebiet der DDR zugewiesen werden musste, denn er stammte aus Ernstthal, und das liegt tief in Sachsen. Die Bewohner der damaligen BRD hatten keinen Zweifel, auf welcher Seite die ideologisch fremdartige Regierung der DDR einzuordnen war. Und es fiel ihnen schwer, ausgerechnet denen da drüben die Wiege ihres schriftstellerischen Idols überlassen zu müssen.

Hinzu kam auch noch, dass das Werk Karl Mays von der politischen Führung der DDR abgelehnt wurde. Man empfand seine Abenteuerromane als imperialistisch, antihumanistisch und sprachlich wertlos. Den jugendlichen Lesern werde darin ein verzerrtes Weltbild vermittelt, so hieß es. Außerdem waren Mays Romane während des Kaiserreichs, der Weimarer Republik und der Nazizeit gerne zur rassistischen Verhetzung der Bevölkerung missbraucht worden. Karl Mays Schriften wurden deshalb konsequenterweise aus den Buchläden und Bibliotheken der DDR verbannt, der Autor wurde dort literarisch kaltgestellt.

Diese ideologische Haltung empörte nicht nur zahllose May-Fans in der damaligen DDR, auch in Bad Segeberg war die Entrüstung groß. So kam man hier auf die grandiose Idee, Karl May eine neue Heimstatt auf westdeutschem Boden zu schaffen und ihm die in letzter Zeit nur sporadisch genutzte Freilichtbühne von Bad Segeberg zu widmen. Denn schließlich ist Karl May mit einer geschätzten Auflage von 200 Millionen Buchexemplaren weltweit einer der meistgelesenen deutschen

Autoren überhaupt und hat einen würdigen Rahmen mehr als verdient. Dabei spielt es gar keine Rolle, dass er im Grunde seines Herzens ein Schlitzohr gewesen ist, wegen verschiedener Gaunereien im Knast saß, hemmungslos bei anderen abschrieb und sich später mit einem falschen Doktortitel schmückte. Auch, dass er seine Reisebücher schrieb, bevor er jemals persönlich auch nur in die Nähe der geschilderten Stätten gekommen war, und dass sein Held Winnetou eine rein fiktive Gestalt ist, die mit der Realität der amerikanischen Ureinwohner recht wenig zu tun hat, ist einerlei. Denn die Magie der Welt von Winnetou ist einzigartig.

Die Anfänge der Festspiele in Bad Segeberg waren bescheiden. Noch schien es um nichts weiter zu gehen, als spielerisch die eigenen Kindheitsträume noch einmal aufleben zu lassen. Das Cowboy-und-Indianer-Fieber packte den ganzen Ort, in Heimarbeit wurden fleißig Kostüme genäht, Bürger der Stadt übernahmen Komparsenrollen und die Pferde für die Helden des Stücks wurden von ortsansässigen Bauern ausgeliehen.

Die große Motivation der Bad Segeberger hatte aber neben der Liebe zu den Werken von Karl May noch einen anderen Grund. Denn sie holten sich seine Abenteuerwelt auch deshalb ins Kalkbergstadion ihrer Stadt, um damit einen schönen neuen Mantel über die unerfreuliche Vergangenheit dieser Location zu decken.

Über Jahrhunderte hinweg war hier Gips abgebaut worden, wodurch eine riesige Grube im Berg entstand. Was man mit der anfangen sollte, wusste niemand so recht, bis dann die Nazis kamen. Die fanden den Ort ganz toll und funktionierten das Loch zu einem Amphitheater um. Sie ließen eine Bühne gestalten und Zuschauerränge am Grubenrand hochziehen. In dieser neu geschaffenen Kulisse kamen sie zu Massenversammlungen und kruden pseudogermanischen Thing-Spielen zusammen.

In überbordendem Pathos zur „Feierstätte der Nordmark" getauft, war die Bühne 1937 von Joseph Goebbels persönlich eröffnet worden. Um diese üble Altlast wieder loszuwerden, bedurfte es schon eines ganz besonderen Helden: Winnetou. Es ist allein sein Verdienst, dass man heute den Namen der Stadt mit Karl May assoziiert und dabei nicht mehr an die Nationalsozialisten denkt. Doch Winnetou und sein geistiger Vater haben hier nicht nur in puncto Vergangenheitsbewältigung eine Erfolgsstory geschrieben. Die Wild-West-Spiele begeisterten das Publikum und machten die Veranstaltung schnell über die Grenzen des Ortes hinaus populär. Den Veranstaltern gelang es, bekannte Schauspieler für ihre Produktionen zu gewinnen, wobei Pierre Brice, der im Juni 2015 verstarb, diese Liste mit seinen Auftritten zwischen 1987 und 1991 natürlich unübertrefflich geadelt hat. Aber auch Reiner Schöne, Mathieu Carrière, Peter Hofmann, Elke Sommer, Ingrid Steeger, Dunja Reiter, Eva Habermann oder Martin Semmelrogge tauchen in der umfangreichen Galerie der bisherigen Darsteller auf. Tatsächlich gehört es in Bad Segeberg längst zum guten Ton, alljährlich mindestens eine prominente Schauspielerin oder einen ebensolchen männlichen Darsteller im Ensemble zu haben. Vielleicht wird dieser beim nächsten Mal den Old Firehand verkörpern, und Alexander Klaws übernimmt noch einmal die Rolle des Winnetou. Dann knallt und raucht es wieder auf der Freilichtbühne, wilde Flammen lodern auf und halsbrecherische Stunts halten die Zuschauer in Atem.

Winnetou bleibt in Bad Segeberg sehr lebendig, hier schafft er es sogar, die Kids von heute für die Dauer einer Aufführung hinter der Playstation hervorzulocken. Doch ganz verstohlen träume ich mich zurück ins Jahr 1990, als der „echte" Winnetou auf seinem stolzen Schimmel durch den Sand von Bad Segeberg galoppierte.

Winnetou in Ostholstein – bunte Bohnensuppe

Zutaten für 4 Personen:

600 g grüne Bohnen
250 g Kidneybohnen (Dose)
600 g Rindergehacktes
750 ml Rinderfond
2 rote Zwiebeln
4 große Kartoffeln (festkochend)
6 Tomaten
1 Bd. Frühlingszwiebeln
2 Möhren
1 kl. Bund Blattpetersilie
1–2 rote Chilischoten (je nach Geschmack)
Speiseöl
Salz
Pfeffer

Zubereitung:

Kartoffeln und Zwiebeln schälen und klein würfeln. Möhren und Frühlingszwiebeln in Scheibchen schneiden. Tomaten überbrühen, häuten und würfeln. Bohnen waschen, Enden und Fädchen entfernen und die Bohnen in ca. 3 cm lange Stücke schneiden. In siedendem Salzwasser 3 Minuten blanchieren, anschließend durch ein Sieb abgießen. Die Chilischote(n) aufschneiden, Kerne entfernen, dann die Chilischote(n) klein hacken. Die Petersilienblättchen abzupfen und fein hacken.

In einem großen Topf etwas Speiseöl erhitzen und das Hackfleisch darin scharf anbraten, dabei mit dem Holzlöffel auseinanderdrücken. Die Zwiebeln, Möhren und Frühlingszwiebeln hinzugeben und alles zusammen gut anrösten. Mit dem Rinderfond ablöschen und Kartoffeln, Möhren, Tomaten und Chilischote hinzugeben. Mit Salz und Pfeffer würzen, aufkochen und dann bei reduzierter Hitze 20 Minuten lang köcheln lassen. Nun die abgetropften Kidneybohnen hinzugeben und alles weitere 5 Minuten lang köcheln lassen.

Auf Suppentellern anrichten und jeweils Petersilie darüberstreuen. Dazu frisches Weißbrot servieren.

Der Klotz von Klotz – Prora

Der Tourismus an der Ostsee hat seit seiner Entstehung vor gut 200 Jahren die merkwürdigsten Blüten getrieben. Vom klassizistischen Prunk der Bäderarchitektur in Mecklenburg-Vorpommern über mittlerweile in die Jahre gekommene Siebzigerjahre-Quartiere im westdeutschen Küstenbereich reicht das Spektrum bis hin zu schicken postmodernen Strandbädern, die in der ehemaligen DDR nach der Wende aus den vernachlässigten Ortschaften entstanden. Damit deckt das architektonische Angebot eine geradezu sagenhafte Bandbreite ab.

Nehmen wir zum Beispiel das Ostseebad Damp in der Nähe von Eckernförde. Ende der Sechzigerjahre entstand der ehrgeizige Plan, hier ein Ferienzentrum mit dem futuristischen Namen „Damp 2000“ hochzuziehen. Es war die Zeit, in der Bettenburgen als Dernier Cri galten, und so hat man den herrlichen Strand von Damp mit dem fast karibisch-türkis anmutenden Ostseewasser im Hintergrund durch graue Betonklötze verschandelt, bei deren Anblick einem die Urlaubsfreude glatt im Halse steckenbleibt. Wenn man vom Damper Strand aufs Meer hinausschaut, gilt seither: Dreh dich nicht um...

Doch die Resortplaner der Sechzigerjahre sind bloß kleine Wichte gegen die Visionäre der Nazizeit. „Kraft durch Freude“ hieß die Parole, und was verheißt größere Freude als ein Urlaub am Meer? Folglich schafft auch nichts mehr Kraft als ein solcher, und im Zeitalter der Massenmobilisierung hieß die logische Konsequenz, dass man die Massen ans Meer schaffen müsse, auf dass sie dort massenweise Kraft schöpfen möchten.

In den Dienst des Vorhabens wurden vier Kreuzfahrtschiffe gestellt, die deutsche Arbeiter zu Erholungsfahrten auf See hinausschippern sollten. Sie hießen „Wilhelm Gustloff" – benannt nach einem 1936 erschossenen und zum „Blutzeugen" verklärten Nationalsozialisten – und „Robert Ley" – benannt nach dem fanatischen „Reichsleiter der NSDAP", der aus meinem Heimatort Nümbrecht stammte. Die beiden anderen hießen – allgemeiner gehalten – schlicht „Der Deutsche" und – wiederum etwas spezieller – „Dresden". Die schmucken Schiffe unterstanden der Organisation „Kraft durch Freude", kurz KdF, und sollten sich mit ihren preisgünstigen Kreuzfahrten positiv auf Stimmung und Wohlwollen der Bevölkerung auswirken.

Doch die Aufnahmekapazität der Schiffe war mit jeweils knapp 1.500 Passagieren recht begrenzt, der Aufwand, mittels Kreuzfahrten Kraft und Freude zu bescheren, war relativ hoch. Deshalb überlegte man sich, feste Unterkünfte an deutschen Stränden zu erschaffen, denn das bot weit größere Möglichkeiten. Dazu sollten fünf Urlaubsresorts errichtet werden, und weil die Nazis nicht kleckerten, sondern klotzten, gaben sie sich mit Kinkerlitzchen gar nicht erst ab. Keine beschaulichen Feriensiedlungen, nein, Massenherbergen für je 20.000 Sommerfrischler sollten es sein. So würden dann ganze 100.000 Betten an den Küsten des Landes bereitstehen. Jeder Deutsche hätte damit die Möglichkeit, zwei Ferienwochen im Jahr am Meer zu verbringen.

Nun ging es daran, die passenden Locations auszusuchen. Wo ist das Meer besonders schön und erfreulicherweise auch noch deutsch? Auf Rügen. Man guckte sich ein Stück unberührte Natur aus und machte ein Kreuz auf der Landkarte. Hier sollte der erste Ferienkomplex hochgezogen werden. Es handelte sich um eine weitläufige, unberührte Bucht vor einer bewaldeten Hügelkette, mit langem, flachem Sandstrand. Das schrie geradezu nach einer Feriensiedlung. Der Name des Ortes: Prora.

Das Unterfangen wurde ausgeschrieben und schließlich einem Architekten zugeschlagen, der passenderweise den Namen Klotz trug. Clemens Klotz hatte sich schon mit anderen Propagandabauten hervorgetan und schien der richtige Mann für die Konstruktion einer Jahrhundertherberge zu sein.

Klotz nahm Papier und Stift und begab sich voller Enthusiasmus an den Plan. 10.000 Zimmer für jeweils zwei Personen, verteilt auf acht identische Blocks, jeweils sechs Etagen hoch, absolut zweckmäßig im Bauklotzstil zusammengefügt, jedoch immerhin mit dem Reiz ausgestattet, dass jedes einzelne Zimmer Meerblick bot. Das bedeutete zum einen, dass die Zimmer zur Vorderseite der Gebäude hinausgingen, zum anderen, dass die Flure sich im rückwärtigen Teil befanden. Aber dieser Plan hatte noch einen anderen Effekt: Der gesamte Gebäudekomplex zog sich dadurch in die Länge, und zwar auf unfassbare viereinhalb Kilometer. Wären die geplanten Nebengebäude wie Schwimmbäder, Festhalle und Wirtschaftsgebäude noch hinzugekommen, so hätte das Ausmaß sogar ganze fünf Kilometer angenommen.

Die Zimmerchen des Prora-Bauwerks waren nur zwölfeinhalb Quadratmeter groß, jeweils zwei davon konnten durch eine Tür miteinander verbunden werden. Als Einrichtung waren zwei Pritschen vorgesehen, ein Schrank, ein Waschbecken und eine spartanische Sitzecke. In regelmäßigen Abständen ragen Gebäudeteile an der Landseite aus den Kolossen heraus, die für die Gemeinschaftsräume vorgesehen waren. Hier sollten die Kantinen untergebracht werden. Außerdem sollten Leseräume und Kegelbahnen für Kurzweil sorgen und den Urlaubern ein

Gemeinschaftsgefühl vermitteln. Auch zwei Wellenbäder und ein Kino waren geplant. Und natürlich gab es einen zentralen Aufmarschplatz für propagandistische Massenveranstaltungen. Doch zur Fertigstellung all dessen kam es nicht mehr, denn bei Kriegsbeginn wurde ein Baustopp verhängt.

Der Koloss von Rügen ist im Grunde unvorstellbar, aber wir brauchen uns auch gar nicht mit der Vorstellung zu bescheiden, denn wir können ihn uns ansehen. Die acht Blocks der Ferienkaserne wurden hochgezogen, wenn auch nicht fertig eingerichtet. Das Baumaterial ließ man vor Ort liegen, um nach Kriegsende weiterzubauen. Allerdings sollte es anders kommen.

Und so blieb auf Rügen nichts als ein düstergraues, bedrohliches Monstrum. Man steht starr vor Schreck, wenn man diesen gigantischen Einheitswahnsinn betrachtet und bekommt eine beklemmende Vorstellung davon, wie unsere Welt aussähe, wenn sie von Faschisten gestaltet würde.

Doch zunächst stand er verlassen da, der Klotz von Klotz. Statt eines faschistischen Staats entstand die sozialistische Diktatur der DDR. Das Konzept der Faschisten passte im Grunde ganz gut zur Ideologie der neuen Machthaber, doch unterstand Rügen vorerst der sowjetischen Besatzungsmacht. Man brachte erst mal Heimatvertriebene aus dem Osten in Prora unter, später übernahm die Rote Armee die monströse Altlast. Sie sprengte einen Gebäudeteil, der über das Rohbaustadium nicht hinausgekommen war, und führte Sprengübungen in anderen Blocks durch. Es entstanden zwar beträchtliche Schäden, doch die Bauten blieben stehen.

Schließlich begannen sich in der Öffentlichkeit Stimmen zu regen, die dafür plädierten, die Anlage ihrer ursprünglichen Bestimmung zuzuführen. Das passte dem DDR-Regime dann aber doch nicht, und so wurde Prora zum militärischen Sperrgebiet erklärt. Man richtete in den Gebäuden eine Kaserne ein und gründete eine Infanterieschule. Nun lebten mit einem Mal tatsächlich gut 10.000 Menschen im Koloss von Prora. Aber diese waren natürlich nur Soldaten, deshalb ließ man sich Zeit mit dem Ausbau der nie fertiggestellten Gebäuderuinen. Erst allmählich gab es Türen, Fenster und sanitäre Installationen. Irgendwann wurde auch der teilweise noch heute sichtbare triste DDR-Rauputz aufgetragen.

Prora wurde zu einem gigantischen Ausbildungslager, in dem Militärkader zur Systemstabilisierung der DDR herangezogen wurde. Auch junge Männer und Jugendliche aus befreundeten afrikanischen Entwicklungsländern kamen in den zweifelhaften Genuss einer militärischen Ausbildung in Prora.

Mit der Wiedervereinigung musste die NVA weichen und wurde von der Bundeswehr abgelöst. Diese zeigte sich allerdings wenig begeistert und verabschiedete sich schon 1992 wieder aus Prora. Die Gebäude wurden der Öffentlichkeit zugänglich gemacht, was man aber damit anstellen sollte, war niemandem so richtig klar. Vorsichtshalber stellte man den Komplex zwei Jahre später unter Denkmalschutz.

Und so denkt man noch heute darüber nach, was man mit dem Koloss von Prora machen könnte. Es entstanden verschiedene Projekte wie die größte Jugendherberge Europas, deren Mietvertrag aber nicht verlängert wurde, weil man die ganze Anlage vielleicht doch noch geschlossen verkaufen wollte. An Kündigungen der Mietverträge scheiterten auch die verschiedenen Museen, die hier in den Neunzigerjahren eingerichtet wurden. Vandalismus machte den leerstehenden Gebäudeteilen schwer zu schaffen.

Im neuen Jahrtausend entschloss man sich schließlich, die Anlage häppchenweise zu verkaufen. So kommt es, dass nun weite Teile saniert worden sind und in blendendem Weiß erstrahlen. Es gibt eine neue Jugendherberge, einen Hochseilgarten, Gastronomie sowie schicke Eigentums- und Ferienwohnungen. In zwei Dokumentationszentren wird die Geschichte des Kolosses aufzeigt.

Ob die Umgestaltung auf Dauer den erhofften Erfolg nach sich zieht, wird die Zukunft zeigen. Gewiss ist nur eins: Das Gerücht, man könne sowohl die Chinesische Mauer als auch den Koloss von Prora vom Weltraum aus sehen, ist falsch. Aus der Ferne des Alls betrachtet löst sich aller menschengemachte Bauwahn in Wohlgefallen auf.

Kohleintopf von der Insel Rügen

Zutaten für 4 Personen:

1 Weißkohlkopf
600 g Kassler Nacken
6 Kartoffeln
2 Möhren
¼ Sellerie
1 Porreestange
2 Zwiebeln

2 Lorbeerblätter
½ Tl Senfkörner
½ Tl Kümmel
Speiseöl
Salz
Pfeffer

Zubereitung:

Die Zwiebeln schälen und würfeln. Möhren, Sellerie und Porree putzen und klein schneiden. Das Kasslerfleisch würfeln. Den Kohl waschen, vierteln, welke Blätter und den Strunk entfernen und den Kohl in feine Streifen schneiden.

In einem Topf etwas Speiseöl erhitzen und das Kassler darin scharf anbraten. Herausnehmen und danach Zwiebeln und Möhren im Öl braun braten. Mit 1 ½ l Wasser ablöschen und den Kohl, die Senfkörner, Kümmel, Lorbeerblätter, Porree und Sellerie hinzugeben. Mit Salz und Pfeffer würzen, aufkochen und dann die Hitze reduzieren. 1 ½ Stunden lang köcheln lassen.

5 der Kartoffeln schälen und würfeln, die sechste reiben, anschließend zusammen mit dem Kassler zum Gemüse in den Topf geben, erneut aufkochen und danach weitere 30 Minuten köcheln lassen. Die Flüssigkeit darf dabei stark einkochen, sollte sie zu sehr verdampfen, muss man ein wenig nachgießen.

Mit kräftigem Graubrot servieren.

Asyl in der Holsteinischen Schweiz – die Rettung der Trakehner

Friedrich Wilhelm von Hessenstein war von freundlichem Gemüt. Vielleicht lag es daran, dass er als uneheliches Kind nicht erwarten konnte, eine bedeutende Karriere auf der Weltbühne der großen Politik hinzulegen. Sein Vater war immerhin der König von Schweden, Friedrich stammte aus dem Hause Hessen-Kassel. Da hätte ein legitimer Sprössling natürlich eigene Thronansprüche erheben und im großen Ränkespiel um die Macht mitmischen können.

So aber verließ der junge Mann früh seine Heimatstadt Stockholm und bezog das beschauliche Landgut, das sein Vater ihm überlassen hatte. Es war im Grunde mehr als nur ein Landgut, denn es war die Herrschaft Hessenstein, in deren Herzen das Gut Panker mit seinem schlossähnlichen weißen Herrenhaus lag. Mehrere tausend Hektar Ackerland, Weiden und Wälder gehören zu dem Anwesen, das direkt an der Ostseeküste in der Holsteinischen Schweiz liegt, es ist eine Landschaft wie aus dem Bilderbuch.

Hier lebte Friedrich Wilhelm fortan in der unaufgeregten Beschaulichkeit sanfter Hügel und ländlicher Idylle. Seine Epoche war das 18. Jahrhundert, eine Zeit voller Unruhen. Die mehr als 300 deutschen Kleinstaaten lagen in ständigem Clinch miteinander, ganze 21 Kriege um Erbfolge oder Koalitionen belasteten diese Ära. Doch Friedrich Wilhelm, wenn auch zum Reichsgrafen avanciert, hielt sich aus allen Scharmützeln heraus. Er widmete sich stattdessen der Freimaurerei und machte sich Gedanken um das Wesen einer humanistischen Existenz. So kam er zu der Erkenntnis, dass in seinem Protektorat Religionsfreiheit herrschen solle, und ließ deshalb jüdische und katholische Gemeinden in der protestantisch geprägten Region zu. Er stiftete ein Waisenhaus und entließ seine Bauern aus der Leibeigenschaft. Zwar heiratete er nie, doch empfand er eine tiefe Zuneigung gegenüber der Schöpfung an sich. Er schätzte die Menschen, und er liebte sein Pferd, eine schöne Schimmelstute namens Ole Liese.

Als Ole Liese alt wurde, stellte Friedrich Wilhelm einen treuen Knecht dazu ab, ihr das Gnadenbrot zu geben und sie bis ans Ende ihrer Tage gut zu umsorgen. Im Gegenzug stattete er den Knecht mit einer Schanklizenz aus, und dieser eröffnete auf Gut Panker eine Kneipe, mit der er fortan seinen Lebensunterhalt erwirtschaftete. Zu Ehren des alten Zossen nannte er die Kneipe „Ole Liese“.

Die Jahre vergingen. Der von Friedrich Wilhelm gelegte Grundstein trug Früchte, die freien Bauern bewirtschafteten das Land mit freudigem Engagement, und Friedrichs Nachfolger hielten den Besitz rund um das stattliche Herrenhaus zusammen. Gut Panker blieb durch alle Wirrnisse der Zeiten hindurch ein Refugium des Friedens.

Andere hingegen hatten weniger Glück. Im fernen Ostpreußen gab es ein berühmtes Gut, dessen Ländereien fast 140 Quadratkilometer umfassten. Der Platz wurde gebraucht, denn es handelte sich um das Gut Trakehnen. Schon seit dem 13. Jahrhundert züchtete man in der Gegend Ritterpferde, und 1732 hatte der preußische König schließlich ein Gestüt gegründet, das fortan seine Kavallerie mit edelsten Militärpferden versorgen sollte. Man zog die prächtigsten Hengste und Stuten auf dem Gestüt zusammen und dachte sich ein Brandzeichen aus, das deren Abkömmlinge fortan unverkennbar machen sollte: eine Elchschaufel mit sieben Enden.

Im 19. Jahrhundert erwarben die Gestütsherren feingliedrige Araberpferde sowie rassige englische Vollblüter und veredelten ihre eigenen Pferde mit deren Genen. Schließlich hatten die eleganten Rösser aus Trakehnen einen fünfzigprozentigen Vollblutanteil. Die Trakehner sind großrahmig und harmonisch gebaut, haben ausdrucksvolle Köpfe mit großen, klaren Augen, kräftige Muskeln, schwungvolle Gänge und eine markante Gesamterscheinung. Sie sind Deutschlands älteste und edelste Pferderasse.

Doch das Ende des Zweiten Weltkriegs brachte das Aus für Gut Trakehnen. Hals über Kopf begann die Flucht, als die russische Armee nach Ostpreußen vorgedrungen war. Man nahm nur das Nötigste mit, und im Chaos des Aufbruchs wurden auch die Pferde in alle Winde verteilt. Ein Großteil gelangte in die Sowjetunion, doch manche der Tiere wurden vom Flüchtlingstreck nach Westen mitgenommen. Auf dem schrecklichen Weg im Winter 1944/45 starben zwei Millionen Menschen an Entkräftung, Hunger und Erkrankungen. Niemand weiß, wie viele Tiere unterwegs zu Grunde gingen. Doch exakt 575 Stuten und 45 Hengste erreichten die westlichen Besatzungszonen.

Zwanzig Trakehnerstuten waren mit einem Flüchtlingstross unterwegs, der das letzte Wegstück über die zugefrorene Ostsee zurückgelegt hatte. Völlig erschöpft erreichte die Gruppe an einem eisigen Wintertag im Februar 1945 das Gut Panker. Der neugotische Aussichtsturm Hessenstein, der auf dem 128 Meter hohen Pilsberg in der Nähe des Herrenhauses als unübersehbare Landmarke in die Höhe ragt, hatte ihnen den Weg gewiesen.

Man brachte die halbtoten Menschen ins Warme und versorgte sie mit wohltuender Suppe. Die abgemagerten Pferde fanden Platz in den Stallungen und konnten sich erstmals seit Wochen an Hafer und Heu laben. Am knisternden Kaminfeuer erzählten derweil die Flüchtlinge, deren Lebenskraft langsam zurückkehrte, den Gutsleuten ihre Geschichte. Mit Empörung und Trauer hörten diese von der Zerschlagung des hochangesehenen Trakehnergestüts.

So begann ein Gedanke zu reifen, und bald machte man sich an dessen Umsetzung. Gut Panker sollte eine neue Heimat für die Trakehner werden und einen würdevollen Rahmen für die Fortsetzung der gewissenhaften Zucht dieser edlen Pferde bieten.

So kommt es, dass jetzt unter alten Bäumen auf den Weiden von Gut Panker Trakehnerstuten mit ihren Fohlen weiden, ein malerisches Bild von geradezu perfekter Idylle. Gut Panker ist heute berühmt für seine Trakehnerzucht, es ist eines der ältesten Gestüte dieser Pferde in Deutschland. Alle Tiere stehen in direkter Blutlinie zu ihren ostpreußischen Vorfahren.

Nur ein paar Schritte vom Gutshaus entfernt liegt am Hofsee ein stimmungsvolles Backsteinhaus. Über dem Eingang prangt ein Schild, auf dem ein Schimmel abgebildet ist. Es ist die Ole Liese, das Lieblingspferd von Friedrich Wilhelm. Die Kneipe von 1797 existiert noch immer und hat sich inzwischen zu einem hübschen Landhotel gemausert.

Holsteiner Grütze

Zutaten für 4 Personen:

300 g grobkörniges Vollkornbrot
250 ml Rotwein
8 cl Rum
80 g Rosinen
300 g Rhabarber
300 g Erdbeeren
150 g Zucker
1 Zitrone
20 g Stärkemehl
60 g Schokoladenstreusel

Zubereitung:

Das Vollkornbrot ganz klein zerbröseln und mit dem Rum übergießen. Die Rosinen hinzugeben und das Ganze 2 Stunden lang bei Zimmertemperatur durchziehen lassen.

Den Rhabarber putzen und die Fäden von den Stangen ziehen. Anschließend in ca. 1 cm dicke Stücke schneiden. Die Erdbeeren putzen und vierteln. Die Zitrone auspressen.

In einem Topf den Wein mit 100 g Zucker aufkochen lassen. Das Stärkemehl mit dem Zitronensaft verquirlen und in den Wein einrühren. Rhabarber und Erdbeeren hinzugeben, die Hitze reduzieren und unter Rühren 5–10 Minuten lang köcheln lassen, bis der Rhabarber zu zerfallen beginnt. Die Grütze komplett abkühlen lassen.

Die Sahne mit dem restlichen Zucker sehr steif schlagen.

Vier Gläser bereitstellen und zuunterst etwas Grütze hineingeben. Dann etwas von der Brot-Rum-Mischung darüberschichten und darauf eine Schicht Sahne geben. Die Prozedur noch einmal von vorne wiederholen, sodass zuoberst im Glas eine Sahneschicht ist.

Abdecken und mindestens 3 Stunden lang im Kühlschrank durchziehen lassen. Vor dem Servieren mit den Schokoladenstreuseln überstreuen.

Brücke ins Nirgendwo – der Torso von Karnin

Wie flüssiges Metall glänzt die Ostsee im Licht der untergehenden Sonne. Der Horizont leuchtet in den feurigen Farben des Abends, und die See spiegelt das Spektakel im Silberschein. Doch mitten in das grandiose Naturspektakel ragt ein perfider Fremdkörper hinein. Er wirkt wie ein Baukran, der dem anhängenden Gewicht nachgegeben hat und nun als gigantisches Rechteck aus dem Ostseewasser ragt. Was hat dieses Gebilde hier zu suchen?

Wir sind auf der Insel Usedom, ganz im Osten der Republik. Nur wenige Kilometer trennen uns von der deutsch-polnischen Grenze, die mitten durch die Insel verläuft. Obgleich Usedom weit abgeschlagen ganz hoch im Norden des Landes liegt, ist es die sonnenreichste Region von Deutschland. Mit seinem 42 Kilometer langen und bis zu 70 Meter breiten feinsandigen Strand ist es zudem mit das Beste, was Deutschland seinen Sonnenanbetern zu bieten hat. Kein Wunder also, dass sich die im 19. Jahrhundert noch in zarten Kinderschuhen tapsende Tourismusbranche die Finger leckte, als sie die Ostseeschönheit für sich entdeckte. Und auch die Inselbevölkerung erfasste schnell das Ausmaß der lukrativen Möglichkeiten, die sich ihr hier auftaten.

Es entstanden herrliche Gebäude im Stil der klassizistischen Bäderarchitektur. Ein Sahnehäubchen ist die 1899 erbaute

Seebrücke Ahlbeck, eine Blüte des Jugendstils, die bis heute originalgetreu erhalten ist. Hier feierte Mutter ihren unvergesslichen 80. Geburtstag in Loriots Geniestreich „Pappa ante Portas", der Filmkomödie von 1991. Ahlbeck selbst gehört zu den sogenannten „Kaiserbädern" auf Usedom und ist über Europas längste Strandpromenade mit dem heute polnischen Seebad Swinemünde verbunden, ein zwölf Kilometer langer Weg in traumhaft schöner Umgebung.

Um denkbar viele Urlauber anzulocken reicht es allerdings nicht aus, nur schön zu sein. Man muss es ihnen auch ermöglichen, ihr Ziel bequem zu erreichen. Deshalb wurde eine Eisenbahnverbindung nach Heringsdorf geschaffen, das seinerseits ebenfalls Kaiserbad ist. Im Südwesten der Insel liegt die kleine Stadt Usedom, und deren Ortsteil Karnin ist dem pommerschen Festland am nächsten. Hier befindet sich die „Strom" genannte Verbindung zwischen Stettiner Haff und Peenemündung, eine auch für die Schifffahrt wichtige Strecke. Hohe Schiffe brauchen Platz nach oben, deshalb konnte man nicht einfach eine schlichte Brücke über die Wasserstraße hinwegbauen. Man entschied sich zunächst für eine handbetriebene Drehbrücke. Diese erwies sich bald als unzulänglich, sodass Anfang der Dreißigerjahre eine neue, deutlich größere Hubbrücke entstand. Denn inzwischen war Usedom nicht nur zur Perle des Tourismus gediehen, man hatte auch die strategische Bedeutung der Ostseeinsel erkannt. Im Laufe der nächsten Jahre sollte auf Usedom nicht nur ein wichtiges Munitionslager entstehen, viel wichtiger noch war die Heeresversuchsanstalt Peenemünde, in der Visionäre die Zukunft von Hitlers Rüstungswahn gestalten sollten.

Als all diese Hirngespinste und ihre bittere Realität zerschlagen wurden und der Zweite Weltkrieg sich seinem Ende näherte, versuchte die Wehrmacht in einem letzten verzweifelten Aufbäumen, es der näher rückenden Roten Armee wenigstens so schwer wie möglich zu machen. Dazu musste die Brücke weg, und weil es schnell gehen sollte, blieb nur die Sprengung. Trümmerteile einer Brücke im flachen Meerwasser sind allerdings nicht so günstig, wenn man dort selbst noch mit seinen Marineschiffen hin- und herfahren möchte. Deshalb wurde beschlossen, alles wegzubomben, bis auf den beweglichen Brückenteil der eigentlichen Hubbrücke. Unter diesem hindurch würde man dann weiterhin ungehindert herumschippern können.

Der Krieg ging zu Ende, und Usedom war vom Festland getrennt. Allein der Brückentorso blieb stehen, die Bahnstrecke war zerstört. Auf großen Streckenabschnitten wurden Schienenstränge herausgerissen und als Reparation in die Sowjetunion verbracht. Andere Schienenabschnitte blieben liegen und wurden von der Natur zurückerobert. Auch einige Eisenbahnwaggons waren stehengeblieben. Es gab keine Trasse mehr für sie, nichts, wohin sie fahren konnten, und so wurden sie von Gras, Brennnesseln und wilden Rosen überwuchert wie einst Dornröschen. Aber kein Prinz kam, um sie wachzuküssen.

Die Grenzen hatten sich geändert, und somit hätte die alte Schienenverbindung nun nach Polen geführt. Die Strecke wiederherzustellen hielt man deshalb für entbehrlich. Die gesprengten Brückenteile wurden aus dem Strom geborgen und anderenorts weiterverwendet. In den Sechzigerjahren wurde dann kurzzeitig darüber nachgedacht, die Eisenbahnbrücke wiederaufzubauen, das Projekt scheiterte aber an mangelndem Durchsetzungswillen und fehlenden finanziellen Mitteln.

Nach der Wiedervereinigung beschloss man, nun endlich aufzuräumen. Eine neue Eisenbahnbrücke würde es im Norden der Insel mit der Peenebrücke Wolgast geben, die im Jahr 2000 fertiggestellt wurde. Diese Klappbrücke kombiniert eine Bundesstraße mit einer Bahnstrecke, wurde nach neusten ingenieurstechnischen Erkenntnissen gebaut, blau angestrichen und in Anlehnung an die Loschwitzer Brücke in Dresden „Blaues Wunder“ getauft.

Nun sollte es also eine neue und hochmoderne Bahnverbindung nach Usedom geben, über die man Anschluss an die 1994 gegründete Usedomer Bäderbahn haben würde. Diese verbindet die Küstenorte Vorpommerns miteinander. Mit all diesen Plänen im Sinn wollte man den hässlichen Torso der Hubbrücke Karnin endlich entfernen. Zu diesem Zweck war 1990 ein Spezialschiff angekommen, um sich der Sache anzunehmen. Doch man hatte nicht mit dem Widerstand der Bevölkerung gerechnet. Die hatte sich nämlich im Lauf der Jahrzehnte an den Anblick gewöhnt, die Hubbrücke war Teil des Heimatbildes geworden. Der Kreisnaturschutzbeauftragte und ein ortsansässiger Pfarrer mobilisierten eine Jugendgruppe, und gemeinsam gelang es ihnen, das Augenmerk der Öffentlichkeit auf eine beträchtliche Turmfalkenbrutkolonie auf der Brücke zu lenken. Das Abrissvorhaben wurde aufgeschoben, in der Zwischenzeit formierten sich die Usedomer Eisenbahnfreunde zu einem Verein mit dem Ziel, die Brücke zu erhalten. Mit Erfolg, denn inzwischen steht die Brücke unter Denkmalschutz.

Doch auch ein Wiederaufbau wurde nicht ausgeschlossen. Denn mithilfe einer funktionstüchtigen Brücke in Karnin könnte die Dauer der Bahnfahrt von Berlin nach Usedom um die Hälfte auf rund zwei Stunden verkürzt werden. Und immerhin steht Usedom aufgrund seiner Nähe zu Berlin und seiner Beliebtheit bei den Berlinern auch im Ruf, die Badewanne Berlins zu sein.

So entstand 2010 ein Aktionsbündnis zum Wiederaufbau der Karniner Brücke, dem Politiker und Wirtschaftsvertreter aus Deutschland und Polen angehören. Bundesweit sammelten sie Unterschriften zur Unterstützung des Vorhabens. Die Bundesregierung lehnte jedoch den Streckenbau unter Berufung auf verschiedene Gutachten ab. Schließlich möchten die Meisten heutzutage auch im Urlaub nicht aufs Auto verzichten, eine neue Bahnstrecke schien deshalb von vorneherein als unwirtschaftlich abgestempelt zu sein.

Doch warum aufgeben? Das Land Mecklenburg-Vorpommern meldete die Strecke 2015 für den Bundesverkehrswegeplan. Der gilt bis 2030. 2019 stellte das Land schließlich Geld für eine Vorplanung zur Verfügung, und im Landeshaushalt 2020/2021 waren bereits acht Millionen Euro für die Inangriffnahme des Wiederaufbaus der südlichen Bahnanbindung Usedoms vorgesehen. Es scheint ernst zu werden. Mit dem zunehmend kritischen Blick auf die durch Autos verursachten Umweltbelastungen rückt die Bahn wieder in den Fokus des staatlichen Interesses. Auf jeden Fall bleibt die Zukunft der Brücke von Karmin spannend.

Usedomer Fischtüfte mit Gurkensalat und Ostseefisch

Zutaten für 4 Personen:

400 g Dorschfilet mit Haut
400 g Flunderfilet mit Haut
400 g Ostseelachsfilet mit Haut
600 g Kartoffeln
125 g geräucherter und gewürfelter Speck
150 ml Milch
50 g Butter
2 Salatgurken
80 g Senf
1 kl. Bd. Blattpetersilie
1 Bd. Dill
1 Bd. Estragon
1 Zitrone
5 Petersilienwurzeln
2 Zwiebeln
2 Lorbeerblätter
6 Pimentkörner
1 Msp. geriebene Muskatnuss
150 ml Sahne
30 ml Essig
20 g Zucker
Salz
Pfeffer

Zubereitung:

Die Fischfilets waschen, trockentupfen, putzen und jeweils in 4 Portionsstücke teilen. Die Zitrone auspressen. Estragonblättchen und Dillspitzen abzupfen und fein hacken, die Hälfte davon beiseitestellen. Die andere Hälfte mit dem Senf und dem Zitronensaft verrühren, salzen und pfeffern und die Fischfilets beidseitig damit bepinseln. Die Flunderfilets zusammenrollen und in Frischhaltefolie wickeln, die restlichen Filets mit Frischhaltefolie abdecken und alle zusammen 3 Stunden lang im Kühlschrank marinieren lassen.

Für den Gurkensalat die Sahne in ein Rührgefäß geben und unter schnellem Rühren den Essig untermischen. Den Zucker sowie den restlichen Estragon und Dill dazugeben und mit Salz und Pfeffer abschmecken. Die Gurken schälen, in dünne Scheiben schneiden und mit der Sahnesauce vermengen. 2 Stunden lang im Kühlschrank durchziehen lassen, dann kurz vor dem Servieren noch einmal gut umrühren.

Für die „Fischtüfte" die Zwiebeln, Kartoffeln und Petersilienwurzeln schälen und in grobe Stücke schneiden. In einen Topf geben, mit Wasser bedecken, salzen und die Pimentkörner sowie die Lorbeerblätter hinzugeben. 20 Minuten lang garen lassen, dann abgießen, die Gewürze entfernen und das Gemüse grob stampfen. Die Milch erhitzen und zusammen mit der Butter unter den Brei rühren. Die Petersilienblättchen abzupfen, fein hacken und ebenfalls unterrühren. Mit Muskatnuss, Salz und Pfeffer abschmecken und warm stellen.

Den Backofen auf 250°C erhitzen, den Fisch von der Frischhaltefolie befreien und auf den Bratrost legen. 10 Minuten lang backen. Die Speckwürfel ohne Fettzugabe in einer Pfanne rösten.

Auf 4 Tellern je 3 Fischfilets neben einem Klecks Kartoffelbrei anrichten und jeweils eine Portion Gurkensalat dazugeben. Die gerösteten Speckwürfel über den Kartoffelbrei geben und das Gericht servieren.

Unter „Fischtüfte" versteht man in Mecklenburg-Vorpommern Stampfkartoffeln, die zu einem Fischgericht serviert werden.

Schatz der Karibik – Flensburg und der Rum

Kristallklares Wasser leuchtet in beinahe unwirklichem Türkis. Der Strand ist unglaublich weiß, fast weißer als Schnee, und er steht damit in scharfem Kontrast zum satten Grün der Vegetation, die das Land im Hintergrund üppig bewächst. Am Himmel steht die Sonne im Zenit, es ist glühend heiß, doch im Schatten der Palmen lässt es sich aushalten, denn übers Meer weht eine sanfte Brise herbei. Ist es das Paradies?

Es mögen wirklich paradiesische Zustände auf der kleinen Karibikinsel geherrscht haben, bis eines Tages im November 1493 ein jähes Ende des Friedens über sie hereinbrach. Auf seiner zweiten Fahrt in die Neue Welt landete Christoph Kolumbus an ihrem Strand, und für die Ureinwohner, die hier in Eintracht mit der Natur gelebt hatten, sollte es fortan nie mehr wie früher sein. Die kleine Insel gehörte zu einer Gruppe von ähnlichen Eilanden, und Kolumbus taufte sie „Sankt Ursula und die elftausend Jungfrauen“, nach der bretonischen Königstochter, die einst zusammen mit ihren Gefährtinnen in Köln von einer Horde Hunnen als Märtyrerin gemeuchelt worden sein soll.

Der Name war etwas sperrig, deshalb nannte man die Inseln bald nur noch schlicht die „Jungferninseln“. Sie lagen in strategisch günstiger Position mitten im karibischen Meer, kam man von Europa her, so waren sie das erste Land, das man hier erreichte, und sie befanden sich außerdem auf halbem Weg zwischen Nord- und Südamerika. So entwickelten sie sich schnell zur Basis für Piraten und Schmuggler, und auch die Kolonialmächte stritten sich um ihren Besitz. Die indigene Bevölkerung war dabei im Weg und wurde kurzerhand umgebracht. Und wer die Massaker überlebte, der hatte kaum Grund, sich darüber zu freuen. Denn die Europäer versklavten die übrig gebliebenen Einheimischen, verschleppten sie nach Europa oder beuteten sie gleich vor Ort in der Karibik als billige Arbeitskräfte aus.

Franzosen, Engländer und Dänen machten sich auf den Inseln breit und teilten sie untereinander auf. Eine der bedeutendsten Handelsstädte Dänemarks in jener Zeit, als die europäischen Grenzen noch anders verliefen, war Flensburg. Von hier aus reisten Segelflotten im Auftrag des Königs um die Welt, um Geschäfte zu machen, und auch die Jungferninseln standen als Ziele auf dem Fahrplan dieser Schiffe.

Auf den Inseln hatten die Kolonialherren nämlich dank der Arbeit ihrer Sklaven inzwischen riesige Plantagen angelegt. Hier, unter tropischer Sonne, gedieh Zuckerrohr, eine hoch begehrte Pflanze, denn aus Zuckerrohr lässt sich Zucker herstellen. Die Schleckermäuler in Europas Beletage verlangten nach der süßen Leckerei, und so begann man in Flensburg, das aus der fernen Karibik angelieferte Zuckerrohr zu verarbeiten.

In den Zuckerraffinerien presst man dazu aus dem Zuckerrohr den Saft heraus und kocht selbigen so lange ein, bis die Zuckerkonzentration darin so hoch ist, dass der Zucker auskristallisiert. Dann zentrifugiert man das Ganze, um den Zucker auch noch vom letzten Rest des Safts zu befreien. Was übrig bleibt, ist Melasse. Die könnte man nun wegschütten, aber das wäre ja schade. Denn mit ein bisschen Geschick lässt sich aus dem Abfallprodukt noch etwas anderes herstellen.

Man gibt die Melasse in große Behälter, schüttet etwas Wasser hinzu und bröselt ein wenig Hefe in die Brühe. Dann heißt es, warten. Innerhalb weniger Tage beginnt es in den Behältern zu brodeln und zu blubbern, denn die Gärung hat eingesetzt. Aus dem in der Melasse enthaltenen Restzucker wird Alkohol. So bildet sich eine Maische, destilliert man diese, dann erhält man einen extrem hochprozentigen Fusel, oder besser gesagt: die Vorstufe von Rum. Um hieraus ein genießbares Getränk zu erschaffen, bedarf es allerdings einiges an Können. Die Alkoholbrühe wird zunächst monatelang in speziellen Eichenfässern lagern, sodann wird sie mit Wasser verdünnt und auf Trinkstärke gebracht, mitunter auch mit anderen Alkoholsorten verschnitten, um den Rum zu veredeln.

In Flensburg entstand ein wahrer Rum-Boom, es entwickelte sich zur Rum-Metropole. Jeder Rum-Brauer kreierte sein eigenes Geheimrezept, der Qualitätsrum aus Flensburg wurde weltweit geschätzt. Eine seiner wesentlichen Geschmackskomponenten stellte das besonders weiche Flensburger Wasser dar, durch das der braune Trank seine Veredelung erhielt. Flensburg ist eine sehr wasserreiche Stadt und verfügt über eine Vielzahl von Quellen.

Im 18. und 19. Jahrhundert erlebte der Flensburger Rumhandel seine große Blütezeit. Der Sklavenhandel war in Europa mittlerweile verboten worden, nicht aber die Sklaverei an sich. So entwickelte sich der sogenannte „Dreieckshandel", an dem sich auch Dänemark beteiligte. An der afrikanischen Goldküste im heutigen Ghana entstanden Festungen, zum Beispiel Christiansborg, wo man Sklaven gefangen hielt, die man durch Tauschhandel von der afrikanischen Bevölkerung erhalten hatte. Diese Sklaven wurden zur Arbeit in die Karibik verschifft, denn dort benötigte man dringend neue Arbeitskräfte. Nun rächte sich nämlich, dass man die indigene Bevölkerung der Inseln umgebracht hatte, und die Zahl der wenigen Überlebenden war durch eingeschleppte Infektionskrankheiten noch weiter dezimiert worden. Man schätzt, dass auf diese Art 100.000 Afrikaner unfreiwillig in die Karibik gelangten. Von der Karibik aus kam wiederum das Zuckerrohr nach Flensburg, womit das Handelsdreieck geschlossen wurde.

Im 19. Jahrhundert wurde es langsam schwieriger für die Flensburger Rumhersteller. Konkurrenten in Hamburg und in Kopenhagen hatten die Nase vorn, als die Industrialisierung um sich griff und neue Maschinen die Produktion zu steigern halfen. Als dann im Zuge des deutsch-dänischen Krieges von 1864 Flensburg an Preußen fiel, versiegte für die Flensburger die Zuckerrohrquelle auf den dänischen Jungferninseln. Man bezog Ersatz aus dem britischen Jamaika, aber der war teuer. Die Zuckerindustrie hatte außerdem im gleichen Jahrhundert einen neuen Rohstoff gefunden, der billiger war, denn man konnte ihn daheim in Europa anbauen: die Zuckerrübe. Umso unrentabler war jetzt der Import von Zuckerrohr.

Eines nach dem anderen schlossen die ehemals 20 traditionsreichen Rumhäuser von Flensburg, darunter so renommierte Namen wie Hansen, Pott oder Asmussen. Lediglich das Rumhaus Johannsen überlebte diese Zeit. Es ist heute das älteste Rumhaus von Flensburg, nur noch wenige Hersteller produzieren hier nach der althergebrachten Methode Rum.

Trotzdem gilt Flensburg nach wie vor als Rumstadt und pflegt sein Image mithilfe eines Rummuseums, wo man alles über die Geschichte der Rumproduktion erfährt und von dem aus man sich auf die „Rum- und Zucker-Meile“ begeben kann. Auf dieser Strecke begegnet man den historischen Stätten der Rumproduktion, vom Zollpackhaus über die Zuckerraffinerien und die alten Rumhäuser bis hin zu den vornehmen Villen der wohlhabenden Kaufleute.

Außerdem findet alljährlich am Wochenende nach Christi Himmelfahrt auf der Flensburger Innenförde die Rum-Regatta statt, das größte Gaffelsegler-Treffen Europas. 100 Schiffe kämpfen hierbei erstaunlicherweise keineswegs um den Sieg, sondern vielmehr um den zweiten Platz. Der Zweite erhält nämlich eine Dreiliterflasche Johannsen-Rum, der Erste bloß irgendeinen wertlosen Preis. So entstehen kurz vor der Ziellinie kuriose Gerangel, weil keiner sie als erster überqueren will. Rund um diese ungewöhnliche Regatta hat sich inzwischen ein maritimes Volksfest entwickelt, denn immer mehr Besucher wollen Zeugen des Spektakels werden.

Und natürlich darf man die Stadt nicht verlassen, ohne ein Fläschchen Rum erworben oder die verschiedenen Sorten gekostet zu haben. Wem Rum zu sehr nach ungewaschenen Karibikpiraten schmeckt, der probiert vielleicht den Rumtopf oder die trendigen Liköre, die in Flensburg aus Rum hergestellt werden. Da ist zum Beispiel das „Swatte Swien", ein Likör mit Lakritzgeschmack, der nach einer alten Flensburger Sage benannt ist. Der zufolge soll dereinst ein riesiges schwarzes Schwein, das „Swatte Swien", in der Stadt auftauchen und anfangen, dort herumzuwühlen. Dadurch wird ein Wasserschwall hervorbrechen, der dann die gesamte Stadt verschlingt. Ehe das passiert, trinkt man das Swatte Swien wohl besser aus.

Die ehemals dänischen Jungferninseln gehören seit 1917 zu den USA. Die zahlten den Dänen 25 Millionen Dollar für die Trauminseln, nach heutigem Wert entspricht das etwa 435 Millionen Euro. Die Zuckerrohrproduktion ist zum Erliegen gekommen, und Nahrungsmittel müssen importiert werden. Heute lebt man auf den United States Virgin Islands vom Tourismus. Und noch immer gedenkt man im Rahmen eines Feiertages des Entdeckers Christoph Kolumbus, der einst kam, um das Leben auf den Inseln für immer zu verändern.

Flensburger Rumtopf

Zutaten:

Ausreichend Rum mit mindestens 54 % Alkoholgehalt
je 500 g Früchte nach Jahreszeit (Erdbeeren, Sauerkirschen, Himbeeren, Pfirsiche, Aprikosen, Pflaumen, Äpfel und Birnen)
und dazu zunächst 500 g Zucker
dann jeweils auf 500 g Früchte 250 g Zucker
2 Vanilleschoten

Zubereitung:

Der Rumtopf reift über mehrere Monate hinweg heran. Man fügt die einzelnen Fruchtsorten jeweils zu deren Reifezeit hinzu. Benötigt wird ein hoher Topf aus Steingut oder Porzellan.

Begonnen wird mit den Erdbeeren. Die Früchte waschen und auf Küchenkrepp trocknen, die Stielansätze entfernen und dann die Erdbeeren in einer Schüssel mit 500 g Zucker vermischen. 2 Stunden lang ziehen lassen, anschließend zuunterst in den Rumtopf füllen und so viel Rum daraufgießen, bis die Früchte fingerbreit bedeckt sind. Die Vanilleschoten aufschneiden und dazugeben. Mit Pergamentpapier verschließen und gut zugebunden im Keller aufbewahren. In den ersten zwei Wochen ab und zu mit einem Holzlöffel umrühren.

Die anderen Früchte nach ihrer Reife waschen, putzen und jeweils mit 250 g Zucker vermischen, 2 Stunden ziehen lassen und dann zum Rumtopf geben. Jedes Mal so viel Rum nachgießen, bis alles wieder gut fingerbreit bedeckt ist.

Rumtopf schmeckt mit Schlagsahne, zu Vanilleeis, zu Pudding, als Zutat in einem Drink oder einfach pur.

Von Macht und Herrlichkeit – die Zeit der Hanse

Ärgerlich zählte der Kaufmann die Goldmünzen noch einmal nach, die vor ihm auf dem Tisch lagen. Sie glitzerten im Schein der Öllampe, aber davon wurden es auch nicht mehr. Fröstelnd zog der Mann seinen Pelzkragen zusammen. Das Kaminfeuer erstarb langsam, und es wurde kalt im Zimmer. Zeit, ins Bett zu gehen. Seufzend trug er die bescheidene Summe in sein Kassenbuch ein. Die Gotländer hatten ihn wieder einmal ordentlich geschröpft.

Östlich vom schwedischen Festland liegt die Insel Gotland in der Ostsee. Deren Bewohner handelten im Mittelalter mit Waren, die sie aus Russland bezogen, vornehmlich mit Fellen, Getreide, Holz, Wachs und Honig, außerdem mit schwedischem Eisen. Im Gegenzug verkauften die Gotländer den Russen und Schweden westeuropäische Produkte wie Tuche, Wein und Gewürze. Sie beherrschten den Handel im Ostseeraum, dabei waren sie doch nichts als bloße Zwischenhändler. Sie verdienten Unsummen, ohne dass sie etwas anderes taten, als Waren zwischen Westeuropa, Schweden, Russland und dem Baltikum umzuschlagen.

In dieser Nacht lag der Kaufmann noch lange grübelnd im Bett und fand keinen Schlaf. Um wie viel höher könnten seine Profite sein, wenn er direkten Handel mit den Russen betreiben würde! Die Kölner hatten es gerade vorgemacht, sie hatten sich zusammengetan und ein Haus in London erworben. Von diesem Stützpunkt aus kauften sie nun selbst die begehrte englische Schafwolle ein, die sie daheim in Köln äußerst lukrativ weiterverkauften. Sie verdienten ein Vermögen bei diesen Geschäften und hatten daher die Mittel, dem englischen König großzügige Darlehen zu gewähren. Deshalb war der König den Kölnern gewogen, und er hatte sie unter den Schutz der englischen Krone gestellt. Etwas Ähnliches musste sich doch auch im Osthandel auf die Beine stellen lassen!

Aber es gab ein Problem. Die Deutschen besaßen keine einzige Hafenstadt an der Ostsee. Der Weg nach Osten war weit, man musste bei den feindlichen Dänen vorbeisegeln und kam um den Stopp in Gotland nicht herum. Für die Weiterreise von dort aus fehlten Kraft und Mittel, denn Übergriffe durch Seeräuber und die dänische Marine machten den Seefahrern schwer zu schaffen. Während der Kaufmann sich schlaflos im Bett herumwälzte, reifte eine Idee in seinem Kopf heran. Eine Hafenstadt an der Ostsee, das wäre die Lösung des Problems! Von diesem Hafen aus könnten deutsche Handelsschiffe die Städte im Osten selbst anfahren und viel Geld verdienen. Gleich am nächsten Tag würde er Adolf, dem Grafen von Schauenburg und Holstein, die Sache vorschlagen.

Graf Adolf II. leuchtete der Plan des Kaufmanns ein. Er tat sich mit seinen Beratern zusammen, und sie entschieden sich für den Weiler Liubice, eine kleine Siedlung auf dem Hügel Buku nahe der Mündung des Flusses Trave. Hier gründete er 1138 eine Stadt und mit ihr den ersten deutschen Ostseehafen. „Liubice“ war ein slawischer Name und bedeutete „die Liebliche“. Für niederdeutsche Zungen war das Wort schwer auszusprechen, und so schliff es sich bald zu „Lübeck“ ab.

Lübeck eröffnete das Tor zum Osthandel und gewann schnell große Bedeutung. Die Handelsreisenden nutzten Gotland nun nur noch als Zwischenstation auf dem Weg ins Baltikum und schlossen ihre Geschäfte mit den dortigen Händlern direkt ab. Für die Gotländer stellte es den wirtschaftlichen Ruin dar. Alle anderen profitierten von den neuen Beziehungen, denn auch die Händler im Osten konnten die Waren aus Westeuropa jetzt deutlich günstiger einkaufen. Deshalb hatten sie nichts dagegen, dass die norddeutschen Kaufleute Niederlassungen in ihren eigenen Städten gründeten. Ganz im Gegenteil, man verbündete sich miteinander zum allseitigen Profit, und diese Idee griffen die großen Handelsstädte im Westen und auf dem nordeuropäischen Festland bald auf. Die Handelskontore boten den reisenden Händlern sicheres Quartier in den fremden Städten und einen Stützpunkt für die Abwicklung ihrer Geschäfte. Gegenseitig unterstützten die Städte sich im Kampf gegen Räuberbanden, Piraten oder andere Feinde und stellten den Verbündeten auf deren Handelsfahrten bewaffnetes Geleit zur Verfügung.

Immer mehr Städte schlossen sich dieser Gemeinschaft an. So entwickelte sich ein Netz von Handelsbündnissen, ohne dass es dazu von vorneherein einen Plan gegeben hätte. Nowgorod, Reval und Bergen gehörten genauso wie London und Brügge zu den ersten Städten mit Handelskontoren, am Ende sollten es ganze 200 Stützpunkte in Europa sein, die meisten davon im nordwestlichen Teil, von der holländischen Küste über Norddeutschland bis hin nach Polen und ins Baltikum. Berlin, Frankfurt an der Oder, Köln, Stettin, Wismar, Rostock und Königsberg, Bremen, Hamburg und Danzig, sie alle gehörten dazu. Man nannte sich „Hanse“, das bedeutet so viel wie „Schar“.

Zur reichsten und wichtigsten Hansestadt entwickelte sich Lübeck, das zum Oberhaupt des Bündnisses aufstieg. Die Händler aus den Hansestädten erkannten, dass sich durch den gemeinsamen Pakt auch ihre Verhandlungsposition gegenüber den politischen Machthabern spürbar verbesserte. Das Deutsche Reich bildete einen Flickenteppich aus kleinen bis winzigen Fürsten- und Herzogtümern, und jeder einzelne Landesfürst wollte durch Steuern und Abgaben profitieren. Da war es doch besser, gleich gemeinsam mit dem deutschen Kaiser zu verhandeln und die Landesfürsten damit zu umgehen. So wurden die Hansestädte „reichsunmittelbar" und unterstanden rechtlich nur noch dem Kaiser. Und schon wieder hatten sie eine Menge Geld gespart. Der Reichtum der Hanse steigerte sich ins Unermessliche.

Auf diese Weise hatten die Hansestädte mit den Jahren also ein äußerst erfolgreiches Bündnis geschmiedet, doch einen Hansevertrag oder etwas Vergleichbares hatte es nie gegeben. Wollte sich eine Stadt dem Verbund anschließen, so musste sie einen Geldbetrag entrichten. Denn das gemeinsame Unterfangen spülte zwar hohe Gewinne in die Kassen der Handelsstädte, kostete aber auch sehr viel Geld. Um die Vormachtstellung zu erhalten, mussten ständig Handelsprivilegien gekauft, Beamte bestochen und Kriege geführt werden. Das war alles nicht so einfach, und schließlich erkannten die Herren der Hansestädte, dass es wohl doch günstig wäre, sich einmal zusammenzusetzen und gemeinsame Regeln und Vorgehensweisen abzusprechen.

Sie bestimmten ein Gremium aus kompetenten Interessenvertretern und vereinbarten einen Termin für ihre erste Tagung. Dieser „Hansetag" sollte 1356 in Lübeck stattfinden, dem mächtigen Oberhaupt der Hanse. Lübeck war neben Köln und Magdeburg zur größten Stadt im Deutschen Reich herangewachsen und per Edikt des Kaisers Karl IV. eine der fünf „Herrlichkeiten des Reiches", neben Rom, Venedig, Pisa und Florenz. Die Stadt diente als Appellhof für alle anderen

Hansestädte, die sich dem „Lübischen Recht" der Reichsstadt unterzuordnen hatten.

Dem ersten Hansetag folgten bis zum Jahr 1669 noch zahlreiche weitere. Wer immer die Einberufung eines Hansetages als notwendig erachtete, konnte das tun, aber die weitaus meisten der Hansetage fanden in Lübeck statt. Bereits Monate vorher wurden die Tagesordnungspunkte publik gemacht, um den einzelnen Städten Zeit zur Beratung zu geben.

Zu den Themen gehörten Handelsverträge und wirtschaftliche Bestimmungen, Sanktionen gegen abtrünnige Handelspartner, Schlichtung von Streitigkeiten, Neuaufnahmen und Ausschlüsse von Mitgliedern, Diplomatie sowie Krieg und Frieden. Durch das gemeinsame Auftreten festigte die Hanse ihre Macht gegenüber den Kontrahenten aus Dänemark, Norwegen, den Niederlanden, Russland, England, Italien und dem süddeutschen Raum. Denn die dortige Konkurrenz schlief nicht.

Ganz im Gegenteil überlegte man in den anderen Ländern, wie man der wachsenden Übermacht der Hanse Herr werden könne. Dänemark machte 1429 den Anfang, indem es vorbeifahrende Handelsschiffe mit Zöllen belastete. In Russland sprach der Zar ein Machtwort und schloss das Hansekontor in Nowgorod. 1603 wurde auch das Londoner Kontor zwangsweise geschlossen. In Deutschland begannen die einzelnen Landesfürsten sich zu wehren, immer mehr von ihnen verboten ihren Städten die Mitgliedschaft in der Hanse. Englische und holländische Handelsschiffe drangen in den Ostseeraum vor und gruben der Hanse ihre dortige Vormachtstellung allmählich ab. Der Konkurrenzdruck stieg unaufhaltsam, und die wirtschaftliche Bedrängnis nahm zu.

Das säte Zwietracht unter den Verbündeten. Immer öfter kam es zu Uneinigkeit und Streitereien zwischen den Hansestädten. Das traute Einvernehmen war dahin, nach Hansetagen trennte man sich im Zorn. Umso sturer versuchte man, an alten Privilegien festzuhalten und verpasste so den Anschluss an die neue Zeit. Denn seit dem 16. Jahrhundert blühte der Überseehandel auf, eine Entwicklung, die die Hanse verschlief. Sie basierte auf einer Idee des Mittelalters und endete wegen fehlender Flexibilität mit diesem. Immer mehr Städte traten aus dem Bündnis aus. Lübeck, Hamburg und Bremen blieben der Hanse treu, erneuerten ihren Bund im Jahr 1630 feierlich und gelobten, das Beste zum Wohle der wenigen verbliebenen Hansestädte zu wahren. Nach dem letzten Hansetag, der 1669 stattfand, übernahmen sie den Schutz der Kontore im Ausland. Erst als die Städte 1810 von Napoleon erobert wurden, endete ihr Pakt. Doch bis 1990 führten sie als einzige weiterhin den offiziellen Namenszusatz „Hansestadt", erst danach besannen sich mehr und mehr andere deutsche Städte ihrer alten Tradition..

Die alte Reichsherrlichkeit und Hansehauptstadt Lübeck hat sich zu einer ganz normalen norddeutschen Großstadt gewandelt. Doch trifft man überall in ihr noch auf die Spuren des früheren Glanzes.

Lübecker Muschelragout

Zutaten für 4 Personen:

1 kg Miesmuscheln
250 g Champignons
100 g geräucherter und gewürfelter Speck
300 ml Weißwein
100 ml Sahne
3 Schalotten
1 Bd. Blattpetersilie
30 g Mehl
½ Tl Zucker
1 Msp geriebener Muskat
2 g Safran
Pfeffer
Salz

Zubereitung:

Die Muscheln unter fließendem Wasser bürsten und abspülen. Muscheln, die sich geöffnet haben, wegwerfen. In einem Topf etwas Salzwasser zum Kochen bringen und die restlichen Muscheln darin kochen, bis sie sich öffnen. Muscheln, die sich nicht öffnen, wegwerfen, von den restlichen das Muschelfleisch auslösen und beiseitestellen.

Die Champignons putzen und in Scheiben schneiden. Die Schalotten schälen und fein würfeln. Die Petersilienblättchen abzupfen und fein hacken.

In der Pfanne den Speck ohne weitere Fettzugabe bei starker Hitze braun anbraten. Die Schalotten hinzugeben, glasig werden lassen und die Champignons zugeben. Kurz und kräftig braten, mit dem Mehl überstäuben und anschließend mit dem Weißwein ablöschen. Unter Rühren aufkochen, die Hitze reduzieren, das Ganze 10 Minuten köcheln lassen.

Zum Schluss mit Salz, Pfeffer, Zucker, Muskatnuss und Safran würzen und die Sahne unterrühren. Die Muscheln hinzugeben und bei sehr schwacher Hitze 5 Minuten lang ziehen lassen, abschließend die Petersilie unterziehen.

Mit knusprigem Weißbrot servieren.

Süße Versuchung – Lübeck und der Siegeszug des Marzipans

Der junge Mann hatte ein Riesenproblem. Er saß ganz hinten in einer dunklen Ecke des Lokals in der Breite Straße 2, hatte seinen Kopf auf die Hände gestützt und starrte auf das dunkle Holz des Tischs vor ihm. Niemand störte ihn hier. Die Sitzreihen der Wirtschaft bestanden aus langen Gelagen, die den einzelnen Schifffahrtskompanien zugeordnet waren. An diesem Morgen herrschte enges Gedränge auf den Bänken, aber niemand achtete auf den jungen Mann in der Ecke. Aufgeregt und wild gestikulierend palaverten die Seeleute durcheinander, das Bier floss dabei in Strömen.

Von den patinabraunen Deckenbalken der Kneipe hingen riesige Schiffsmodelle herab, Kanonenboote, Rahsegler und Wikingerschiffe. Schwere, düstere Ölgemälde mit Bibelmotiven hingen an den Wänden, sie waren jetzt schon fast 200 Jahre alt. In Vitrinen gab es alte maritime Gegenstände zu bestaunen, und rohe Schnitzereien zierten die langen Holzbänke, die sich dicht aneinanderreihten. Die altehrwürdige Gaststätte existierte nun schon seit 300 Jahren unverändert. Sie war die Seemannskneipe im Gildehaus der Lübecker Schiffergesellschaft.

Und heute waren alle gekommen, denn es hatte sich eine bedrohliche Situation ergeben. Die Franzosen unter Napoleon hatten halb Kontinentaleuropa und damit auch die Stadt

Lübeck erobert. Das war an sich schon schlimm genug. Doch seit November 1806 hatte der größenwahnsinnige Franzose Europa mit einem Handelsembargo überzogen, mit dem Ziel, dadurch auch Großbritannien in die Knie zu zwingen.

Und jetzt, im Jahr 1811, hatte er es derartig ausgeweitet, dass nun gar nichts mehr lief. Die Kontinentalsperre verbot alle Geschäfte mit den Briten, diese aber versorgten Europa mit wichtigen Handelsgütern und Kolonialwaren. Umgekehrt veräußerten gerade die norddeutschen Kaufleute und Seefahrer Massengüter wie Holz und Getreide an die Briten. Was sollte aus ihren Geschäften werden, jetzt, wo diese per Dekret handstreichartig verboten worden waren? Die Aufregung unter den Händlern und Seeleuten in Lübecks Schiffergesellschaft war groß.

Der junge Mann zog die Mundwinkel nach unten. Für seine Probleme würden sich die Kapitäne und Kaufleute gar nicht interessieren, sie würden sie vielmehr als Peanuts abtun. Aber seine Probleme bestanden nicht aus Peanuts, sie bestanden aus Mandeln.

Das Embargo verhinderte, dass die kostbaren Mandeln auf dem Seeweg von Sizilien aus nach Lübeck gelangten. Und auch das Zuckerrohr aus den britischen Karibikgebieten blieb aus. So aber konnte der junge Mann sein gerade übernommenes Geschäft nicht in der Art weiterführen, wie er es sich vorgestellt hatte.

Sein Chef, der Konditor Johann Gerhard Maret, war kürzlich gestorben. Weil sich dessen Sohn noch im Knabenalter befand, hatte die Witwe des Konditors dem jungen Mann die Leitung des Geschäfts überantwortet. Denn er arbeitete schon seit vielen Jahren als Geselle im Betrieb und hatte sich dabei nicht nur geschickt angestellt, sondern sich auch als anständiger Bursche erwiesen. Er hieß Johann Georg Niederegger.

Niederegger war nicht nur jung, er sprühte auch vor Kreativität und Schaffensdrang. Deshalb wollte er keineswegs einfach bloß eine Konditorei führen, nein, er wollte die Produktpalette durch eine ganz besondere Spezialität bereichern: Marzipan. Diese köstliche Leckerei war einst in Persien erfunden worden und mit den Mauren über Spanien nach Europa gekommen. Man mahlte Mandeln und mischte sie mit Rosenwasser und Zucker. So entstand eine geschmeidige Masse, die nicht nur wohlschmeckend war, sondern der man auch wahre Wunderwirkungen zuschrieb. Sie sollte gegen Verstopfung helfen und die Potenz steigern, bei den Damen die Lust erwecken und noch dazu dem Liebesspiel abträgliche Blähungen verhindern. In Europa hatten folglich über lange Zeit hinweg nur Apotheker das als Medizin geltende Marzipan hergestellt. Doch in den überbordenden Luxusexzessen während der Zeit des Barocks kam man in der wohlhabenden Adelswelt auf die Idee, kunstvolle Figuren aus dem gut formbaren Marzipan zu modellieren und Buffets sowie Zuckerbäckertorten damit zu verzieren.

Marzipan wurde infolgedessen immer begehrter. Auch in Lübeck stellte man damals zeitweise Marzipan her, doch den großen Durchbruch gab es nicht. Das zu ändern hatte Niederegger sich aufs Tapet geschrieben. In der Stadt ging eine alte Legende um, die er sich dafür zunutze machen wollte. Denn angeblich sollte 1407 eine große Hungersnot in Lübeck geherrscht haben. Statt Getreide gab es nur noch Mandeln und Zucker, und so machten die Lübecker aus der Not eine Tugend, vermengten Mandeln und Zucker und kreierten auf diese Art daraus das schmackhafte Marzipan. Das war natürlich Unsinn, denn Mandeln und Zucker besaßen im Mittelalter einen geradezu ungeheuerlichen Wert. Mit Leichtigkeit hätte man damit andernorts günstigere Lebensmittel eintauschen können. Aber die Geschichte klang schön, es schmeichelte den Lübeckern, dass man ihnen die Erfindung des Marzipans zuschrieb.

Deshalb wollte Niederegger aus dem Marzipan kleine Brotlaibe formen und in Anspielung an die alte Geschichte in seiner Konditorei verkaufen. Doch wie sollte er seine Idee umsetzen, wenn ihm der Zugriff auf die nötigen Rohstoffe verweigert wurde?

Niederegger brauchte ein ganzes Jahr, um sein Problem zu lösen. Dann bekam er Kontakt zu Schmugglern, die ihm seine Rohstoffe über Helgoland herbeischafften. Die Produktion konnte endlich losgehen. Und weitere zwei Jahre später fiel die Kontinentalsperre. Mandeln und Zucker waren wieder frei erhältlich, was die Marzipanherstellung nun deutlich billiger machte.

Als der Sohn des verstorbenen Konditormeisters alt genug war, um das väterliche Geschäft von Niederegger zu übernehmen, eröffnete dieser seinen eigenen Laden in der Lübecker Breite Straße. Das Konzept ging nämlich auf. Die Lübecker zeigten sich begeistert von seinem Marzipan.

Dank Niederegger entwickelte sich Lübeck zur Marzipanstadt. Als er 1856 starb, hinterließ er ein florierendes Geschäft mit angeschlossener Marzipanfabrik. Sein Nachfolger erweiterte die Verkaufsstelle in der Breite Straße um ein Café. Das Gebäude wurde zwar im Zweiten Weltkrieg zerstört, sehr bald danach aber wiederaufgebaut. Heute beherbergt es neben Café und Verkaufsstelle auch noch ein Marzipanmuseum, dessen lebensgroße historische Marzipanfiguren die Besucher scharenweise anziehen. Wenn sie sich daran sattgesehen haben, können sie sich an den mehr als 300 Produkten sattessen, die inzwischen bei Niederegger feilgeboten werden.

Doch wem das Ganze zu süß ist, der schlendert einfach die Breite Straße ein Stück weiter entlang. Hier, im historischen Zentrum von Lübeck, erinnern zahlreiche unter Denkmalschutz stehende Gebäude an den bürgerlichen Reichtum der alten Hansestadt. Nur einen Steinwurf von Niedereggers Geschäftshaus entfernt zweigt die Mengstraße ab, in der Thomas Manns literarische Buddenbrook-Familie residierte. Würde man der Straße weiter folgen, so hätte man bald den Fluss Trave erreicht, an dessen Verlauf sich die alte Stadtbefestigung befand. Jetzt sind es nur noch wenige Schritte bis zum Holstentor, dem berühmten Wahrzeichen von Lübeck.

Bleibt man jedoch auf der Breite Straße und geht noch ein Stückchen weiter, so steht man bald vor einem ehrwürdigen Backsteinrenaissancehaus und schaut auf die steinernen Kähne, die den Eingang zu beiden Seiten zieren. „Schiffer-Gesellschaft" prangt es in goldenen Lettern über dem Eingang, und das Gemälde eines prachtvollen alten Viermasters hängt darüber.

Die Schiffergesellschaft existiert seit 1401, sie wurde von einer religiösen Bruderschaft ins Leben gerufen, die sich notleidender und in die Jahre gekommener Seeleute annahm. Diese erhielten Essen und Unterkunft in den Räumen der Gesellschaft. Später schlugen die Brüder Kapital aus der großen Erfahrung der alten Kapitäne und übernahmen wichtige maritime Aufgaben. Sie kontrollierten den Hafen und stellten Schiffspässe aus, berieten den Senat und schlichteten Streitigkeiten zwischen den Seefahrern. 1535 bezogen sie das Gildehaus gegenüber der Jakobikirche. Hier kamen die Seeleute zusammen und so lag es nahe, eine Schankstube einzurichten.

Das Gildehaus der Schiffergesellschaft hat den Zweiten Weltkrieg überstanden und existiert heute noch originalgetreu als Kneipe und Restaurant. Auf den uralten Gelagen der Schifffahrtskompanien sitzt man noch immer unter schwebenden Schiffsmodellen und blickt auf die Gemälde aus dem

17. Jahrhundert oder auf das älteste vollständig erhaltene Kajak, das von einer Grönlandexpedition aus dem Jahr 1605 stammt.

Das dunkle Holz und die Schnitzereien des Gestühls lassen erahnen, wie viele Menschen sie in den Jahrhunderten haben kommen und gehen sehen. Und einer von ihnen hieß Johann Georg Niederegger.

Lübecker Marzipantorte

Zutaten:

200 g Mehl
4 Eier
250 g Zucker
500 g Marzipan
600 ml Schlagsahne
100 g gemahlene Haselnüsse
60 g Walnüsse
150 g Aprikosenmarmelade
1 Pck. Backpulver
Bittermandelöl
Salz
Butter zum Einfetten der Springform

Zubereitung:

Die Eier in eine Schüssel schlagen und verquirlen. 200 g Zucker hinzugeben und kräftig weiterverquirlen, dann nach und nach das Mehl, das Backpulver, die geriebenen Haselnüsse sowie 1 Prise Salz unterrühren. Eine Springform mit Butter einfetten und den Teig darin verteilen. Den Backofen auf 180°C vorheizen und den Teig 30 Minuten lang backen. Herausnehmen und komplett abkühlen lassen.

Anschließend mit einem scharfen Messer in 3 Tortenböden teilen. Einen davon auf eine Tortenplatte legen und mit der Hälfte der Aprikosenmarmelade bestreichen. Die Schlagsahne mit dem restlichen Zucker und 2 Tropfen Bittermandelöl steif schlagen und ¼ davon über die Marmelade streichen. Dann den zweiten Boden auflegen und genauso verfahren. Den dritten Boden oben auflegen und die ganze Torte ringsum mit der verbliebenen Sahne einstreichen.

Das Marzipan zwischen zwei großen Stücken Frischhaltefolie dünn zu einem Quadrat mit ca. 50 cm langen Seiten ausrollen. Danach auf einer Seite die Folie entfernen und das Marzipan mit dieser Seite nach unten auf die Torte legen. Ringsum vorsichtig andrücken, sodass die ganze Torte damit bedeckt ist. Das untenherum überstehende Marzipan abschneiden und kleine Kugeln daraus formen. Die Oberseite der Torte mit diesen Kugeln und den Walnüssen dekorieren.

Vor dem Servieren mindestens 3 Stunden lang im Kühlschrank durchziehen lassen.

Marzipan

Zutaten:

250 g Mandeln
250 g Puderzucker
40 ml Rosenwasser
5 Tropfen Bittermandelaroma
Salz

Zubereitung:

Die Mandeln in einer Schüssel mit siedendem Wasser übergießen und 10 Minuten lang darin ziehen lassen. Dann durch ein Sieb abgießen, die Haut abziehen und die Mandeln auf Küchenkrepp vollständig trocknen.

Anschließend in der Küchenmaschine so lange sehr fein zermahlen, bis eine fettende, knetbare Masse entstanden ist. Das Rosenwasser hinzugeben und unterkneten, sodann Puderzucker, Bittermandelöl und 1 Prise Salz dazugeben und die Masse kräftig verkneten oder noch einmal mahlen.

Anschließend zu einer Rolle formen und fest in Frischhaltefolie einwickeln. Das fertige Marzipan sollte im Kühlschrank aufbewahrt werden.

In the Summertime... – Als Jimi Hendrix nach Fehmarn kam

„In the summertime when the weather is high“ sang Ray Dorset, der Frontmann von Mungo Jerry, und mit Stomp-Board, Kontrabass, Honky Tonk-Piano und einer bauchigen Weinflasche entfesselten die restlichen Bandmitglieder den mitreißenden Goodtime-Sound, der das Stück so populär gemacht hatte. Sieben Wochen lang stand der Song an der Spitze der deutschen Charts und stürmte in 26 Ländern den ersten Platz der nationalen Hitparaden.

Die Glorifizierung des leichten Lebensstils avancierte zum ersten typischen Sommerhit und zu einem rasanten Erfolg für Mungo Jerry. Das Publikum tobte, die Stimmung steigerte sich regelrecht zur Euphorie. Und das tat auch dringend not. Denn noch wenige Minuten zuvor drohte sie endgültig zu entgleisen. Beim „Love-and-Peace-Festival“ auf Fehmarn im Jahr 1970 ging nämlich so ziemlich alles schief, was schief gehen konnte.

Es fing damit an, dass das Wetter wirklich „high“ war, allerdings anders als gedacht. Schon am Vortag hatte es ununterbrochen geregnet, außerdem war es kalt und stürmisch. Doch es lag nicht nur daran, dass das Festival fast zur Hölle geriet. Was eine fröhliche Reminiszenz an Woodstock auf deutschem Boden werden sollte, schipperte geradewegs auf eine Katastrophe zu.

Der Plan war so schön gewesen. Auf Deutschlands drittgrößter Insel, der größten Insel der damaligen BRD, sollte ganz in der Nähe des Leuchtturms Flügge direkt hinter dem Strand ein Musikfestival im Zeichen der Liebe stattfinden. Der Anspruch war kein geringerer, als Europas Antwort auf Woodstock sein. Drei junge Männer hatten sich zusammengeschlossen, um das Projekt zu realisieren. Fehmarn, das gerade im Aufwind des boomenden Tourismus eine gute Erschließung seiner Infrastruktur erfahren hatte, bot sich als Festivalkulisse geradezu an. Die Nähe von Strand und Meer und darüber hinaus die Zusage berühmter Musiker schienen ein außergewöhnliches Ereignis zu garantieren. Die großen Bands waren ohnehin gerade zusammen. Sie würden kurz vorher bei einem Festival auf der Isle of Wight auftreten, der Termin für die Veranstaltung auf Fehmarn wurde auf das daran anschließende Wochenende gelegt. Dann wäre zwar bereits September, aber das sonnenreiche Inselklima von Fehmarn ließ sich normalerweise nicht lumpen. Sorglos begaben die drei Männer sich an die Vorbereitungen.

Drei Tage lang sollte das Festival dauern, mehr als 30 Gruppen würden dabei auftreten. Eine 50 Hektar große Wiese hinter dem Strand im einsamen Westen der Ostseeinsel wurde zum Festspielort auserkoren, 60.000 Besucher würden hier Platz finden. Gleich nebenan lag ein Campingplatz, dessen Toilettenanlagen genutzt werden konnten. Hinzu kamen 100 mobile Klohäuschen und ein Großzelt mit 4.000 Schlafplätzen. Zäune wurden gezogen, das Rote Kreuz konnte als Lieferant für warme Mahlzeiten gewonnen werden. Eine Tonanlage sorgte mit 32 Boxen für die Beschallung, eine Drehbühne diente als Rahmen für die Auftritte. Das alles kostete aberwitzige Summen, aber die Veranstalter hatten mit Beate Uhse eine finanzstarke Mäzenin gewonnen. Ihre gerade eröffneten 20 Sexshops dienten zudem als Vorverkaufsstellen für das Großereignis.

Mit fröhlich bemalten VW-Bussen ging es ganz im Trend des Zeitgeists auf Werbetour quer durch Mitteleuropa und Skandinavien. Namen wie Rod Steward, Jimi Hendrix und Ginger Baker sollten regen Zulauf garantieren, alles, was in der Hippieszene Rang und Namen hatte, war für das Festival gebucht worden. Dennoch verlief der Vorverkauf schleppender als erwartet. Joan Baez sagte deshalb ihre Teilnahme kurzfristig ab. Der Leadsänger der ebenfalls gebuchten Bluesrockband Canned Heat starb am Tag vor Beginn des Festivals an einer Überdosis Barbiturate.

Am gleichen Tag gab es Ärger vor Ort auf Fehmarn. Die Behörden stellten unhaltbare Missstände fest, Deiche und Straßen waren ungesichert, und im Eifer des Gefechts war übersehen worden, dass die Müllentsorgung hätte geregelt werden müssen. Auf der Isle of Wight hatte es außerdem Krawalle gegeben und man fürchtete, dass die Rowdys von dort gleich nach Fehmarn weiterreisen würden. Aber es war schon zu spät für eine Absage, denn die ersten der 25.000 Festivalbesucher trudelten bereits ein. Man ließ sie gewähren und öffnete die Verkaufsstände. Am folgenden Tag, dem 4. September 1970, sollte es losgehen.

Pünktlich am Morgen nahm der Sturm orkanartige Stärke an, und zwar gleich auf zweierlei Art. Zum einen wurde es immer windiger und regnete auch wieder. Zum anderen waren in der Nacht 180 Rocker auf Motorrädern erschienen und begannen, zwischen Hippies und Ordnungskräften herumzupöbeln. Es kam zu Messerstechereien, unter den Festivalorganisatoren brach Panik aus. Wegen des wachsenden Drucks ließen sie sich darauf ein, den Rockern die Festivalaufsicht zu überlassen.

Alkoholisiert und mit Ketten und Messern bewaffnet drangsalierten diese die friedlichen Festivalgäste. Unter Drohungen raubten sie deren mitgebrachten Alkohol und traten mit ihren schweren Stiefeln gegen Autos und Menschen. Mitten in diesem Chaos verteilte Beate Uhse mit ihren Söhnen Werbebroschüren für ihr Unternehmen, warf Kondome wie Karnevalsbonbons in die Menge der Blumenkinder und gab Autogramme.

Das Festival begann, und der Regen nahm weiter zu. Die Tontechnik soff in den Wasserfluten immer wieder ab. Der brausende Sturm verschluckte den spärlichen Sound der Musikanlage. Einige Auftritte mussten abgesagt werden. Eine Gruppe steckte angeblich im Stau fest, fünf der gebuchten Bands erschienen erst gar nicht. Unzufrieden begannen die im Matsch ausharrenden Fans zu murren. Der erste Festivaltag war eine Pleite. Trotz alldem, trotz Kälte, Nässe, Matsch, Tonausfällen und abgesagter Auftritte, gab es aber noch immer ein Gefühl von „good vibrations“, vielleicht auch dank der zahlreichen Joints, die unter den Festivalbesuchern kreisten.

In der Nacht randalierten die Rocker. Man zahlte sie aus und so gelang es, die meisten von ihnen zum Abzug zu bewegen. Der nächste Morgen zog zwar immer noch kalt und stürmisch herauf, doch zumindest regnete es nicht mehr und die Rocker ließen sich nicht blicken. Die Stimmung stieg. Der Auftritt von Inga Rumpf vermochte die Fans aus der Reserve zu locken. Nun schien sich doch noch alles zum Guten zu wenden.

Aber dann begann es wieder zu regnen. Eine Band spielte Jazz und fiel damit beim Publikum durch. Weitere Bands sagten ihre Auftritte ab, am schlimmsten aber fanden die Fans, dass Jimi Hendrix zwar inzwischen auf Fehmarn eingetroffen war, sich aber nicht fit genug für die Bühne fühlte. Sein Auftritt wurde auf den nächsten Tag verschoben. Die durchnässten

Festivalbesucher tobten vor Enttäuschung und Frustration. Allein Mungo Jerry gelang es in diesem Debakel, noch ein bisschen gute Stimmung zu erzeugen. Zu diesem Zeitpunkt ahnte noch niemand, wie schlecht es Jimi Hendrix wirklich ging. Sein massiver Drogen- und Alkoholkonsum hatte ihn völlig ausgelaugt.

In der Nacht tauchten wieder ein paar Rocker auf und veranstalteten ein Feuer unter der Festivalbühne, wofür sie Bretter aus dem Bühnenboden herausbrachen. Als Hendrix sich auch am nächsten Morgen zunächst außer Stande sah, eine Performance zu geben, wurden die Besucher dazu eingeladen, im Rahmen von Jamsessions selbst auf der Bühne zu musizieren. Es war ein einziges Chaos.

Schließlich, kurz nach Mittag, als viele die Hoffnung schon aufgegeben hatten, erschien der legendäre Rockgitarrist doch noch. Es war ein magischer Moment, denn wie auf Bestellung riss der Himmel auf und die Sonne kam hervor. Trotzdem erwies sich der Auftritt als enttäuschend. Routiniert, aber freudlos spulte Hendrix seine großen Hits herunter und zog sich danach umgehend wieder zurück. Der Funke vermochte nicht mehr überzuspringen. Wenige Tage danach starb er. Es sollte sein letzter Open-Air-Auftritt gewesen sein.

Das Festival endete im Tumult. Die Helfer waren ungeduldig geworden, weil ihre Bezahlung auf sich warten ließ, und sie sollte auch nicht mehr erfolgen. Denn die Veranstalter hatten sich mit der Tageskasse von dannen gemacht. Als schließlich die Band Ton Steine Scherben mit Frontmann Rio Reiser ihr Stück „Macht kaputt, was euch kaputt macht" zum Besten gab, war alles zu spät. Im wilden Gemenge ging das Veranstalterzentrum in Flammen auf. Mühsam gelang es der Polizei, schlimmere Folgen abzuwenden. Die Hippie-Träume endeten im Fiasko. Das Gelände blieb verwüstet zurück, die

Festivalausstattung zertrümmert. Außerdem stellte sich die Veranstaltung in finanzieller Hinsicht als Pleite heraus. Keiner war mehr da, der die offenen Rechnungen bezahlt oder die Schäden beseitigt hätte.

Ein Gedenkstein erinnert heute an den letzten großen Auftritt von Jimi Hendrix. Wie schade, dass die schöne Idee damals so grandios scheiterte.

Um es doch noch einmal zu versuchen, gab es von 1995 bis 2010 an jedem ersten Septemberwochenende ein Jimi-Hendrix-Revival-Festival am Flügger Strand. Leider schrieb auch das keine Erfolgsgeschichte. Zwar gelang die Organisation deutlich besser, Randale blieben aus. Mungo Jerry wiederholten ihren Auftritt von 1970 mit grandiosem Erfolg. Die Besucherzahlen stiegen zuletzt auf mehr als 25.000. Doch gerade das machte dem Festival den Garaus. Es wurde aus Naturschutzgründen vom Kreis Ostholstein verboten, denn das Gelände unterliegt der Flora-Fauna-Habitat-Richtlinie.

So bleibt nichts als die stille Erinnerung an eine längst vergangene Sommerzeit, und das leise Plätschern der Wellen am einsamen Strand vor den Dünen.

Fehmarnsche Kröpel – eine Krapfenspezialität

Zutaten:

500 ml Milch
250 g Mehl
150 g Hartweizengrieß
250 g Zucker
3 Eier
60 g Butter (zimmerwarm)
100 g Rosinen
½ Tl Kardamom
1 Zitrone
1 Würfel Hefe
Salz
reichlich Fett zum Frittieren

Zubereitung:

Die Milch zusammen mit 50 g Zucker und 1 Prise Salz in einem Topf aufkochen, dabei den Hartweizengrieß einrühren. Die Hitze reduzieren und unter Rühren zehn Minuten köcheln lassen, dann vom Herd nehmen und abkühlen lassen, bis die Masse lauwarm ist. Den Kardamom, die Butter und die Hefe einrühren, die Zitrone auspressen und den Saft ebenfalls unterrühren. Dann die Eier hineinschlagen, das Mehl hinzugeben und alles zu einem geschmeidigen Teig verkneten. Abdecken und an einem warmen Ort 30 Minuten lang gehen lassen.

Die Rosinen in lauwarmem Wasser 10 Minuten lang einweichen, dann in einem Sieb gut abtropfen lassen. In der Fritteuse oder in einem geeigneten Topf mit Siebeinsatz eine ausreichende Menge Frittierfett auf 180°C erhitzen.

Die Rosinen zum Teig geben und diesen noch einmal gut durchkneten. Anschließend mit zwei Teelöffeln oder einem Eisportionierer kleine Bällchen abstechen und jeweils 8 davon 4 Minuten lang frittieren. Auf einem Rost abtropfen lassen. Den restlichen Zucker in einen Suppenteller geben und die heißen Bällchen darin wälzen.

Schiffer, Wohlstand, Farbenfreude – die Darßer Türen

Die alten Slawen nannten die kleine Insel „Dračĭ“, das bedeutet so viel wie „Dornengestrüpp“. Denn nichts als solches wucherte hinter dem feinsandigen Strand, für den sich damals noch niemand interessierte. Das Leben auf der Insel gestaltete sich entsprechend beschwerlich und reizlos. Doch trotzdem weckte sie Begehrlichkeiten, dank ihrer Lage direkt vor dem Pommerschen Festland. Das war strategisch günstig, deshalb zankten sich Mecklenburger, Pommern, Dänen und Schweden jahrhundertelang um das unwirtliche Stückchen Land. Stoisch ertrugen die in Armut lebenden Bewohner die wechselnden Besatzungen, und auch als der Strom, der ihre Heimatinsel vom Festland abtrennte, allmählich versandete und Dračĭ zur Halbinsel wurde, änderte sich ihr Leben nicht. Sie nannten die Halbinsel in der Boddenlandschaft Vorpommerns inzwischen „Darß“.

Mitten auf dem Darß befand sich ein tiefer Wald, den die Darßer mangels besserer Flächen als Weidewald für ihr Vieh nutzten. Als die Dänen 1715 den Darß von den Schweden eroberten, fiel ihr Augenmerk auf diesen Wald und seine prächtigen alten Eiben. Sie ließen diese Bäume kurzerhand allesamt abholzen und wegschaffen, um damit die Innenräume ihrer Schlösser in Kopenhagen zu vertäfeln. Zurück blieben ein lichterer Wald und eine Idee. Warum schlagen wir nicht auch Holz im Darßwald, sagten sich die Einheimischen, und bauen daraus so große Transportschiffe, wie die Dänen sie haben?

Schon seit jeher hatten die Darßer das Meer befahren. Das bewiesen prähistorische Einbäume, die man mitunter auf der Halbinsel entdeckte. Doch mit großen Booten würde man genau wie die Dänen auch große Mengen von Gütern über das Meer hinwegtransportieren können.

So begann eine Geschichte, die das Leben der Darßer verändern sollte. Denn schnell lernten sie den geschickten Umgang mit ihren neuen großen Segelschiffen, und sie verdingten sich äußerst erfolgreich als Spediteure von Agrarprodukten aus Pommern und Mecklenburg. Ihre Schiffe schafften die Waren über Ost- und Nordsee bis weit nach Süden in den Mittelmeerraum. Das vormals so karge Dasein auf dem Darß veränderte sich rapide. Denn der neue Erwerbszweig spülte erstmals gutes Geld in die Taschen der Darßer.

Und noch einen anderen Nebeneffekt hatte die „Bauernschifffahrt“. Erstmals verließen die Männer ihre heimatliche Halbinsel und kamen in der Welt herum. Von diesen Reisen brachten sie spannende Berichte mit nach Hause, von fernen Ländern, anderen Kulturen und den neuesten Moden in den mächtigen Hafenstädten.

Eines Tages gegen Ende des 18. Jahrhunderts kam ein wohlhabender Darßer Kapitän auf eine fantastische Idee. Er wollte seinen Reichtum für jedermann sichtbar machen und gleichzeitig zum Ausdruck bringen, dass er ein weit gereister und weltgewandter Mann war. Für jeden sollte sein Status sogleich erkennbar sein, wie mit einer Visitenkarte wollte er seinen persönlichen Erfolg herausstreichen. Weil es zu seiner Zeit aber noch keine Visitenkarten gab, entschied er sich für die Haustür seines Anwesens auf dem Darß. Auf diese fiel jedermanns Blick zuallererst, sei er ein Nachbar, ein Gast, ein Geschäftspartner oder nur ein Passant. Deshalb hatten die Dorfbewohner schon immer Wert auf schöne Eingangstüren gelegt, er aber beabsichtigte, sich ein wirklich außergewöhnliches Exemplar zuzulegen.

Der Kapitän ließ also eine neue Tür anfertigen und diese mit kunstvollen Schnitzereien verzieren. Damals war gerade der Klassizismus modern, deshalb wurden Ornamente und Symbole der Antike zitiert, Säulen und flache Giebel. Und weil der Mann wie viele seiner Zeitgenossen abergläubisch war, kamen noch ein paar glücksverheißende Symbole hinzu, eine aufgehende Sonne, ein aufwärtsweisender Pfeil zum Schutz vor Blitzen und ein Lebensbaum in Form eines Tulpenstraußes. Die Tür ließ er in typisch schwedischem Rostrot anstreichen, denn nach der kurzen dänischen Episode gehörte der Darß inzwischen mal wieder für eine Weile zu Schweden.

Die anderen Darßer betrachteten die kunstvolle Türe mit Erstaunen, und schnell regte sich der Wunsch, selbst auch so etwas Großartiges zu besitzen. Weil sie es sich genauso gut leisten konnten, fand die neuartige Eingangstür schnell Nachahmer auf der ganzen Halbinsel. Der Darßer Wohlstand hatte geschickte Handwerksleute angelockt, diese legten sich nun ins Zeug und schnitzten allerhand Türen, verziert mit den kunstvollsten Motiven. Es entwickelte sich eine ganz eigene Darßer Türenmode, jedes Haus schmückte jetzt ein kostbares Unikat.

Doch weil die Moden kommen und gehen, betrachtete die nachrückende Generation die alten Portale eines Tages mit zunehmendem Missfallen. Nach 1850 war der Klassizismus out, urbane Kassettentüren galten nun als der letzte Schrei. Wer es sich leisten konnte, verarbeitete die alte Tür zu Brennholz und schaffte sich eine neue an.

Doch mittlerweile erwies sich die Segelschifffahrt längst nicht mehr als so lukrativ wie in früheren Jahren. Motorisierung und Industrialisierung veränderten das Transportwesen, die großen Segler verschwanden allmählich von den Meeren. Der Darßer Wohlstand schwand mit ihnen, und längst nicht jedermann konnte sich eine neue Tür leisten. So überlebten manche Exemplare in tiefem Dornröschenschlaf, angemalt in den Farben, die vom Anstreichen der Schiffe übrig blieben: Rostrot, Grau oder Mattgrün.

Mit Interesse betrachtete der neue Darßer Bürgermeister Heinrich Bierbaum diese alten Türen, als er Anfang der Dreißigerjahre des letzten Jahrhunderts den Neubau des Darßer Gemeindeamts plante. Er kam aus Kiel und brachte als Zugezogener den ungewöhnlichen Schnitzereien vielleicht ein anderes Augenmerk entgegen. Jedenfalls entschied er, genau so eine Tür für den Neubau der Amtsstube anfertigen zu lassen. Er beauftragte die Darßer Traditionstischlerei Roloff mit der Herstellung, und die schnitzte ihm ein Prachtexemplar mit Tulpenstrauß, Sonne, Blüte und Anker. Und damit dieser Schmuck richtig zur Geltung kommen konnte, führte man eine Neuerung ein: Die Schnitzereien wurden in strahlenden Farben angestrichen, rostroter Grund, schneeweiße Säulen, leuchtend gelbe Sonne und rote Tulpen mit grünen Blättern in tiefblauer Vase. Staunend standen die Darßer vor dem Kunstwerk.

Und nun wiederholte sich die Geschichte: Jedermann wollte selbst auch so eine wunderschöne Tür besitzen! Es entstand ein wahrer Boom, der ganze Darß erstrahlte dank farbenfroher Haustüren. Sie wurden zum Wahrzeichen der Halbinsel und haben inzwischen auch viele Freunde in anderen Regionen gefunden. Kein Wunder, denn sie sind ein einzigartiger Blickfang. So baut man auf dem Darß bis heute prächtige Haustüren, aber schon lange keine Segelschiffe mehr.

Die Bäume des alten Waldes im Herzen der Halbinsel konnten deshalb wieder ungehindert weiterwachsen, kein Holzfäller drang mehr in das Innerste des Darßwaldes vor. In seiner Kernzone hat man die forstwirtschaftliche Nutzung vollständig eingestellt, hier wächst nun ein Urwald heran. Nur die markanten uralten Buchen erinnern noch an seine ursprüngliche Nutzung als Weidewald. Die Spuren der Wisente, die zu Beginn des letzten Jahrhunderts hier lebten, um Hermann Görings Jagdvergnügen zu dienen, sind aber genauso verweht wie die von Erich Honecker, der später gern im Darßwald jagte.

Heute bevölkern Rotbuchen, Eschen und Erlen den wildwuchernden Wald, in dem es auch Dünen, Sumpf und Heideland gibt. Hier wachsen riesige Königsfarne, dazwischen äsen große Herden von Rotwild. Es gibt Dachse, Iltisse, Höckerschwäne und Fischotter, am Himmel kreisen Rotmilane.

Der Darßwald gehört mittlerweile zum Nationalpark Vorpommersche Boddenlandschaft, der sich über das Fischland Darß-Zingst erstreckt. Auf diese Weise wird sichergestellt, dass seine Einzigartigkeit gewahrt bleibt. Denn nicht nur an Land gilt es, die Tierwelt zu schützen. Vor der Küste der Boddenlandschaft leben Kegelrobben, gelegentlich kommen Schweinswale vorbei. Die zahlreichen Boddengewässer sind ein wichtiger Rastplatz und Überwinterungsgebiet für Zugvögel aus Skandinavien. Dann tummeln sich hier wahre Massen von Singschwänen und Graugänsen sowie bis zu 60.000 Kraniche, ein faszinierendes Spektakel.

Heringsstipp

Zutaten für 4 Personen:

8 Matjesfilets
3 rote Zwiebeln
1 säuerlicher Apfel (z.B. Boskop)
3 Gewürzgurken mit Sud
100 ml Sahne
250 g Schmand
2 Tl frisch geriebener Meerrettich
1 Tl Zucker
½ Bd. Schnittlauch
Salz
Pfeffer

Zubereitung:

Die Matjesfilets 30 Minuten lang in kaltes Wasser legen, dann gut abtropfen lassen und mit Küchenkrepp trocken tupfen. Die Sahne mit dem Mixer leicht anschlagen, sodass sie eine cremige Konsistenz annimmt. Dann den Schmand, den Meerrettich, den Zucker und 4–5 El Gurkenflüssigkeit unterrühren. Mit Salz und Pfeffer abschmecken.

Den Apfel schälen, entkernen und in feine Stücke schneiden. Die Zwiebeln schälen und in dünne Ringe schneiden. Die Gurken fein würfeln und die Matjes in mundgerechte Happen schneiden. Alles unter die Sahnesauce heben und mehrere Stunden lang oder besser über Nacht im Kühlschrank ziehen lassen.

Den Schnittlauch in Röllchen schneiden und vor dem Servieren über den Stipp streuen.

Mit Pellkartoffeln oder Speck-Bratkartoffeln servieren.

Im Wandel der Zeiten – eine Kirche in Rostock

20 Kilometer sind ganz schön viel. Vor allem, wenn man sie sich als Längenausdehnung einer Stadt vorstellt. Und tatsächlich zieht sich Rostock sogar mehr als 20 Kilometer an der Mündung dcs Flussсs Warnow entlang. Hier wohnen mehr als 200.000 Menschen, es gibt einen Überseehafen und bedeutende Reedereien, eine Universität, Unternehmen der Spitzentechnologie aus Luft- und Raumfahrt sowie einen großen Hersteller von Windenergieanlagen. Außerdem befindet sich hier Deutschlands größter Kreuzfahrthafen. Kein Wunder, dass die alte Hansestadt Rostock die unbestrittene Metropole ihrer Region ist.

Historische Prachtbauten der Backsteingotik zeugen von der reichen Geschichte und der stets großen Bedeutung der Stadt. Da gibt es altehrwürdige Kaufmannshäuser und das gotische Rathaus aus dem 13. Jahrhundert, das später eine üppige Barockfassade erhielt. Große Teile der alten Stadtbefestigung sind noch erhalten, teilweise mit hineingebauten Wiekhäusern, die als Wohnhäuser dienten und der Stadtmauer Stabilität verliehen. Im Falle eines feindlichen Angriffs mussten deren Bewohner den Soldaten weichen, damit die Häuser als Verteidigungsräume genutzt werden konnten. Entlang der Mauern von Rostock existieren noch heute mehrere Tore sowie ein Wehrturm, und auch spätere Zeiten haben der

Stadt ihren Stempel aufgedrückt. Es gibt steinerne Zeugen der Neugotik und der Gründerzeit, Zweckbauten aus der DDR-Zeit und postmoderne Hochglanzarchitektur, die nach der Wende entstand. Als ein Wahrzeichen ragt der Leuchtturm von Warnemünde empor, dem an der Ostseepromenade ein wie eine gigantische Welle geschwungener Pavillon aus den Sechzigerjahren vorgelagert ist, der sogenannte „Teepott". Das Stadtbild wird von einigen Kirchtürmen geschmückt, allen voran St. Marien, eines der bedeutendsten Bauwerke der norddeutschen Backsteingotik, in dem sich eine beeindruckende astronomische Uhr aus dem Jahr 1472 befindet, sowie die noch ältere Petrikirche im Osten der Altstadt. Und außerdem gibt es noch die Nikolaikirche mit ihrem gedrungenen Turm. Sie ist eine der ältesten Kirchen ihres Typs an der Ostseeküste.

Es war im 13. Jahrhundert, als der vormals kleine Markt Rostock allmählich zu erblühen begann. Der Lehnsherr Westmecklenburgs hatte gegen Ende des vorangegangenen Jahrhunderts hier eine Burg errichtet, die für Aufschwung sorgte. Das lockte Händler und Handwerker aus den verschiedensten Regionen an, die sich um die Burg herum niederließen. Als Rostock dann 1218 das Lübische Stadtrecht erhielt, gab es kein Halten mehr. Die Siedlung wuchs geradezu explosionsartig und zählte bald mehr als 10.000 Einwohner, schnell erhoben sich deshalb Stimmen unter den Bürgern, die nach einer Kirche verlangten.

So begann man schließlich mit dem Bau einer einfachen Backsteinhalle, in der sich die Gläubigen fortan zum Gottesdienst versammelten. Im 15. Jahrhundert befanden die Gemeindemitglieder die schlichte Halle als zu armselig, deshalb erhielt die Nikolaikirche einen mächtigen quadratischen Turm mit spitzem Dach. Damit alles passte, musste auch der Kirchenchor erweitert werden, und um den Anwohnern die gewohnten kurze Wege zu erhalten, führte man einfach eine Straße darunter hindurch. Trutzig überragte der Kirchturm mit 132 Metern Höhe nun die Giebel der Häuser hinter dem Mündungsarm der Warnow, an dessen Kaimauer die Kähne der Händler lagen. Hier gab es kleine Handwerksbetriebe, Holzlager und Gerbereien, einen tiefen Keller mit einem Eislager, ein paar Schmieden und eine Mühle. Für lange Zeit blieb das hiesige Leben friedlich.

Doch im Winter des Jahres 1703 brach eine Katastrophe über St. Nikolai herein. Der Westwind steigerte sich zu einem Orkan, wie man ihn seit Menschengedenken noch nicht erlebt hatte. Auf seinem Höhepunkt durchschlug der Sturm das Oktogon auf der Nordwestseite der Kirche und raste mit voller Wucht in den scheinbar so standhaften Kirchturm hinein. Dieser wurde förmlich umgeweht. Mit Entsetzen sahen die Menschen, dass der Hahn sich von der Kirchturmspitze erhob und wie ein Zeichen des Satans über das Dach des Pfarrhauses hinwegflog. Die Balken des Turms stürzten hinterher, als versuchten sie, dem Hahn zu folgen, und krachten schwer in das Pfarrhausdach. Der Diakon konnte sich nur retten, indem er unter seinen Schreibtisch kroch, doch sein Kind wurde erschlagen.

Nach diesem schrecklichen Ereignis traute man sich nicht mehr so hoch hinaus. Der neue Turm geriet mit 84 Metern deutlich kleiner und erhielt statt eines stolzen Spitzdachs nur einen bescheidenen pyramidenförmigen Abschluss mit einer barocken Laterne. Statt wie früher Rostocks höchste Kirche zu sein, war die Nikolaikirche von nun an die niedrigste.

Doch auch diese Zurückhaltung konnte sie nicht auf Dauer vor der Zerstörung bewahren. Vier Nächte lang wurde Rostock im April 1942 bombardiert, Turm und Kirchenschiff von St. Nikolai brannten dabei vollständig aus. Die barocke

Kanzel und die schöne Orgel, Grabmale und Schnitzereien, alles wurde vernichtet.

Da stand man nun mit einer Ruine und wusste nicht so recht, was man damit anfangen sollte. Man verpasste ihr ein Notdach und grübelte mehr als 30 Jahre lang, bis sich eine Idee für die Zukunft der Nikolaikirche abzuzeichnen begann. Im Zuge der Säkularisierung und der atheistischen Politik in der DDR war die Zahl der Gemeindemitglieder geschrumpft, und so wurden die Gemeinden von St. Petri und St. Nikolai zusammengelegt. Die marode Nikolaikirche wurde dabei als Gemeindekirche aufgegeben.

Doch keineswegs wollten die Rostocker sich von dem für das Stadtbild so prägenden Bauwerk komplett verabschieden. Vielmehr dachten sie über eine andersartige Nutzung nach. Als die Restaurierung begann, zerbrachen sich die Bauherren den Kopf über eine zweckmäßige Neugestaltung. So entstanden im alten Kirchturm zehn Etagen mit Büros der Kirchenverwaltung.

Aber so eine Kirche ist ein ganz schön großes Gebäude. Und wenn dieses Gebäude auch noch in Spitzenlage mitten in der Altstadt liegt, ist es eine Verschwendung, wenn man es nicht möglichst effizient nutzt. Weil die Nikolaikirche nun auch keine richtige Kirche mehr war, brauchte man sich um eventuelle religiöse Bedenken keine weiteren Sorgen zu machen. Deshalb kamen die mit dem Umbau beauftragten Bauherren auf eine ungewöhnliche Idee. Beim Wiederaufbau des gotischen Hallendachs ließen sie drei Etagen einziehen, in denen 13 Wohnungen sowie fünf Gästezimmer entstanden. Hier lebt man jetzt in luftiger Höhe und genießt von den ins Dach eingelassenen Balkonen eine tolle Aussicht über die Dächer der Altstadt. Es ist eine spektakuläre Wohnidee inmitten eines Stadtviertels, das sich mit kleinen Läden, Kneipen und Theatern mehr und mehr zu einem kulturellen Zentrum mausert.

Die Kirchenhalle erhielt ein neues Gewölbe und dient seither als Konzertsaal. Die kleine Straße, die unter dem Kirchenchor hindurchführt, ist noch immer erhalten. Über ihrem Bogendurchgang prangt St. Nikolaus, der Namensgeber der Kirche und Schutzpatron der Seefahrer, die auch heute noch den Charakter der Stadt prägen, 20 Kilometer am Lauf der Warnow entlang bis in die Ostsee hinein.

Mecklenburger Rippenbraten

Zutaten für 4 Personen:

1500 g Schweinerippenstück
2 säuerliche Äpfel
2 Zwiebeln
50 g Butter
200 g Backpflaumen
½ Tl Zimt
150 ml Rum
3 Stück Zwieback
Salz
Pfeffer

Zubereitung:

Die Backpflaumen mit dem Rum übergießen und 1 Stunde lang ziehen lassen. Den Zwieback im Mörser zerkleinern, davon 2 Drittel beiseitestellen. Die Äpfel schälen, entkernen und klein würfeln. Zusammen mit dem restlichen Drittel des Zwiebacks zu der Rum-Mischung geben.

Das Fleisch waschen, trocken tupfen, kräftig mit Salz und Pfeffer einreiben. An den Knochen entlang eine Tasche hineinschneiden und die Apfel-Pflaumen-Rum-Mischung hineinfüllen. Mit Zahnstochern verschließen. Die Zwiebeln schälen und vierteln. Die Butter in einem ofenfesten Topf zerlaufen lassen und das Fleisch darin an der Unterseite kräftig anbraten, aber nicht an der Schwarteseite. Den Backofen auf 180°C vorheizen und den Topf mit dem Fleisch mit der Schwarteseite nach oben hineinstellen, die Zwiebeln dazulegen und 200 ml Wasser hinzugießen.

Nach 2 Stunden den restlichen Zwieback und den Zimt mit 200 ml Wasser vermischen und an den Braten gießen. ½ Stunde lang weiterbacken, dann die Hitze auf 220°C erhöhen. Nach weiteren 30 Minuten die Grillfunktion hinzuschalten und so lange backen, bis die Schwarte beginnt, Blasen zu werfen. Den Braten jetzt herausnehmen, aber nicht abdecken. Die Sauce im Topf auf dem Herd noch einmal kurz aufkochen und abschmecken, dabei die Röststoffe vom Topfrand hineinstreichen.

Den Braten in Scheiben schneiden und die Füllung dazu anrichten.

Mit der Sauce, Knödeln und Rotkohl servieren.

Horst und die Adler – die Könige der Lüfte

Erstaunt sah ich noch einmal näher hin. Im Ständer vor dem Kiosk hing die „Ostsee-Zeitung" und titelte: „Die Seeadler sind zurück". Seeadler? Gehören die denn nicht bei uns ins Reich einer längst vergessenen Vergangenheit, als der Mensch die Natur noch in Ruhe ließ?

Ein Brutpaar sei an den Neuklostersee bei Wismar zurückgekehrt und habe mit dem Brüten begonnen, hieß es in dem Artikel. Das Paar sei standorttreu und komme bereits seit vielen Jahren regelmäßig im April an den See. Und mittlerweile seien es mehr als 300 Brutpaare, die man in Mecklenburg-Vorpommern zähle. Unwillkürlich blickte ich auf in den blauen Himmel. Aber dort vollführten nur ein paar Schwalben ihre akrobatischen Kunstflüge, Seeadler konnte ich nicht ausmachen. Doch immerhin waren die Schwalben zurück aus den Winterquartieren, auch wenn es ja heißt, eine Schwalbe mache noch keinen Sommer.

Weil die majestätischen Raubvögel sich hier nicht blicken ließen, musste ich mich also anderweitig schlau machen. Ich fand heraus, dass es vom Land Mecklenburg-Vorpommern eingesetzte Adlerbetreuer gibt, die dafür Sorge tragen, dass die Paare ungestört brüten und ihre Jungen aufziehen können. Flugs nahm ich Kontakt zu einem von ihnen auf, er hieß Horst. Ich ersparte mir jeden Kalauer in Zusammenhang damit, dass man auch das Adlernest als „Horst" bezeichnet, und fragte ihn stattdessen, woher die Adler denn zurückgekehrt seien.

Das Brutpaar vom Neuklostersee sei nicht wirklich von irgendwoher zurückgekehrt, klärte Horst mich auf. Die Seeadler aus dem Ostseeraum seien vielmehr Standvögel und blieben auch im Winter in ihren Quartieren. Nur die Jungvögel machten sich später auf, um neue Reviere zu erobern. Und die Seeadler aus dem Norden von Russland, fügte er noch lachend hinzu, die würden im Winter nach China und Korea fliegen, weil ihre Heimat einfach zu sibirisch sei, und zwar im wahrsten Sinne des Wortes.

Tatsächlich sei die Beziehung zwischen Mensch und Seeadler in der Vergangenheit alles andere als ungetrübt gewesen, erzählte Horst weiter. Neben Wasservögeln und Aas verzehren diese Adler vor allen Dingen Fische, die sie in den Küstengewässern erbeuten. Deshalb betrachtete man sie als unliebsame Konkurrenz und machte Jagd auf sie. Aber nicht nur das hat dem Seeadler letztlich beinahe den Garaus gemacht. Es war besonders auch das DDT, das man in der zweiten Hälfte des letzten Jahrhunderts als Insektengift einsetzte. Allein in den Jahren 1983 und 1984 wurden in der DDR 600 Tonnen dieses Giftes als Schutz gegen den Borkenkäfer ausgebracht. Mit Sprühflugzeugen wurde es über weite Gebiete verteilt. Erst viel zu spät erkannte man, dass das scheinbar nur gegen Insekten tödlich wirksame Mittel sich bei Lebewesen anreichert, die am Ende der Nahrungskette stehen, und somit auch diese schleichend vergiftet. Betroffen waren nicht nur Greifvögel, die Eier mit viel zu dünnen Schalen legten und deshalb dem Aussterben entgegenschlitterten. Auch der Mensch steht am Ende der Nahrungskette. DDT geriet in Verdacht, Krebs auszulösen, seine Anwendung wurde deshalb seit 1972 in der BRD und bis Ende der Achtzigerjahre auch in der DDR sukzessive verboten. Die Bestände der Seeadler, die in Deutschland fast ausgerottet gewesen waren, erholten sich danach allmählich.

Es sind mächtige Tiere, die Flügelspannweiten von bis zu 250 Zentimetern erreichen können. Das macht sie mit zu den größten Greifvögeln Europas, nur ein paar Geierarten bringen es auf noch größere Spannweiten, aber die gibt es im Ostseeraum nicht. Das Flugbild des Seeadlers ist unverkennbar, er hat gewaltige Schwingen, die ausgespannt wie ein rechteckiges Brett wirken. An den Enden befinden sich jeweils markant abgespreizte Schwungfedern, und der breite, hellere Hals mit dem kleinen Kopf ist weit nach vorne gestreckt. Über dem kräftigen, gebogenen Schnabel sitzen die kleinen hellgelben Augen. Adlerauge, sei wachsam: Das Auflösungsvermögen seiner Netzhaut ist bis zu viermal größer als das der menschlichen, und eine zweite Sehgrube ermöglicht dem Adler sogar eine Verachtfachung der Auflösung gegenüber dem menschlichen Sehvermögen. Deshalb sehen Adler extrem viel schärfer als wir, einen mausgroßen Fisch erkennt der Seeadler problemlos aus drei Kilometern Höhe.

Im Aufwind segelnde Adler wirken etwas plump und behäbig, aber der Schein trügt. Auf der Jagd erreichen sie mit Leichtigkeit 60 Stundenkilometer und entwickeln eine erstaunliche Wendigkeit. Bevor die Brutzeit beginnt, vollführen die in lebenslangem Bund zusammenbleibenden Adlerpaare graziöse Balzflüge und steigen gemeinsam hoch in die Lüfte hinauf. Es ist eine Freude, ihnen dabei zuzusehen. Sie sind nicht auf Beutezug, ihr spielerischer Tanz in der Luft dient keinem direkten lebenserhaltenden Zweck. Wenn man sie beobachtet, stellt man vielmehr mit Erstaunen fest, dass sie sich ganz offensichtlich aus reinem Vergnügen vom Aufwind in die Höhe tragen lassen.

In Konkurrenz zum Seeadler steht der kleinere Fischadler, der in Deutschland nur im östlichsten Ostseeküstenbereich anzutreffen ist. Hier, ganz im Nordosten, gibt es auch wieder ein paar Exemplare des Schreiadlers, der die Wälder im Landesinneren bevorzugt. Beide Arten sind Zugvögel, die den Winter in Westafrika verbringen.

Wo die Horste der Adler anzufinden sind, verrät Horst mir allerdings nicht. Die Brutplätze werden streng geheim gehalten, um sicherzustellen, dass niemand die Tiere stört. Es gibt aber künstliche Nistplätze, an denen man die Vögel gut beobachten kann. Besonders an der Müritz hat man spezielle Brutplattformen auf die hohen Masten der Überlandleitungen montiert. Am besten lassen sich die Fischadler im Winter oder nach Brutende im Sommer beobachten. Dann sieht man Elterntiere und Jungvögel bei gemeinsamen Flugexkursionen, es ist die Zeit der Flugschule. Denn auch für Adler gilt: Das Fliegen will geübt sein.

Noch vor gut 100 Jahren wurden Prämien für den Abschuss eines Adlers gezahlt. Zwischen 1899 und 1907 zahlte der Central-Fischer-Verein in Schleswig-Holstein Kopfgelder für 53 Exemplare. Zwischen 1738 und 1848 waren es sogar exakt 4.393 Fisch-, See-, Schlangen-, Stein- und Schreiadler. Heute sind alle Adlerarten durch die EU-Vogelschutzrichtlinie besonders geschützt.

Es gibt an der Ostseeküste zahlreiche Plätze, wo Adler-Fans ihre Lieblingsvögel beobachten können. Bei Waren an der Müritz darf man sogar in die Kinderstube der Adler hineinschauen, und zwar mittels einer Webcam. Außerdem gibt es einen Beobachtungsstand für Besucher. Auch in Krakow am See befindet sich eine solche Aussichtskanzel.

Und auf Usedom engagieren sich seit Jahrzehnten ehrenamtliche Vogelfreunde für die Seeadler. Ihre Projekte werden inzwischen auch wissenschaftlich begleitet. Hier gibt es mittlerweile etwa 20 Brutpaare, deren Gleitflüge man am Schmollensee oder am Peenestrom und an der Zecheriner Brücke beobachten kann. Und auch in Schleswig-Holstein gibt es mehrere Beobachtungsstationen. Denn heute ist der Seeadler wieder entlang der gesamten deutschen Ostseeküste verbreitet und bevölkert auch Seen und Flusslandschaften im Landesinneren.

Im Umkreis von 100 Metern um den Horst herum darf keinerlei Lärm gemacht werden, weil die Vögel äußerst empfindlich darauf reagieren, erläutert Horst. Während der Brutzeit wird die Schutzzone sogar auf 300 Meter erweitert. Dann ist er unterwegs und passt auf, dass niemand auf die Idee kommt, Holz zu schlagen oder gar die Motorsäge anzuwerfen. Meist versorgen die Elternpaare ein einziges Küken, in Ausnahmefällen können es aber auch bis zu drei Exemplare sein. Die Jungtiere sind dunkel, erst nach vier Jahren bekommen sie ihr typisches hellbraunes Gefieder. Seeadler können bis zu 40 Jahre alt werden, meint Horst, die meisten schaffen das aber nicht. Noch immer ist der Mensch des Adlers größter Feind. Wenn er ihn auch nicht mehr direkt jagt, so werden den Adlern doch seine Eisenbahnen, Ober- und Überlandleitungen, Windräder und vor allem auch seine Jagdgeschosse zum Verhängnis.

Die Adler überbrücken die nahrungsarme Winterzeit nämlich zunehmend mit Aas. Als intelligente Vögel haben sie die Schwärme von Krähen und Kolkraben an Kadavern von Rotwild und Wildschweinen beobachtet und von ihnen gelernt. In Jagdgebieten suchen sie jetzt gezielt nach den entsorgten Organen geschossener Tiere, wobei ihnen die darin enthaltenen Bleikugeln zum Schicksal werden. Denn im Magensaft lösen die Kugeln sich rasch auf, das Blei gerät in die Blutbahn und der Vogel verendet an Bleivergiftung. Daher gibt es Bestrebungen, die bleihaltige Munition zu verbieten. Alternativen sind nämlich längst verfügbar.

Trotz der weiterhin bestehenden Gefahren zeigen die Schutzmaßnahmen Wirkung. Noch bis 1993 hatte die Weltnaturschutzunion den Seeadler als gefährdet eingestuft, seit 2005 gilt er als ungefährdet. Und deshalb findet man an den deutschen Ostseeküsten inzwischen überall Refugien, in denen man sein gravitätisches Kreisen in den Lüften beobachten kann. Spätestens dann versteht man, warum dieses stolze Tier zu unserem Wappenvogel wurde.

Senfeier

Zutaten für 4 Personen:

8 Eier
1 Zitrone
500 ml Milch
250 ml Weißwein
100 g Butter
80 g Senf
50 g Mehl
1 El Zucker
etwas Blattpetersilie
Salz
Pfeffer

Zubereitung:

Die Eier hart kochen und pellen. Die Zitrone auspressen. Die Butter in einem Topf zerlassen, dann das Mehl hinzustreuen und unter Rühren kurz anschwitzen. Mit dem Weißwein ablöschen, die Milch hinzugießen und langsam aufkochen lassen, dabei immer wieder umrühren. Nun Zitronensaft, Zucker und Senf hineinrühren und mit Salz und Pfeffer würzen. Die Hitze reduzieren und die Eier kurz in die Sauce legen, damit sie noch einmal warm werden.

Die Petersilienblättchen abzupfen und fein hacken. Die Eier mit der Sauce auf Tellern anrichten und dabei jeweils halbieren. Mit etwas Petersilie überstreuen.

Dazu Salzkartoffeln servieren.

Einer will hoch hinaus – von Braun und die Heeresversuchsanstalt Peenemünde

Mit den Lüften über der Ostsee ist auch der Name eines Mannes verbunden, der dafür gesorgt hat, dass Menschen sogar noch weit über die Lüfte hinaus reisen können: Wernher von Braun. Seine Triumphe sind allerdings ambivalent und keineswegs ausschließlich rühmlich.

Am Anfang sah alles noch hervorragend aus. 1912 als Sohn eines gutsituierten ostpreußischen Gutsbesitzers und einer gebildeten Mutter in der Provinz Posen geboren, verfügte von Braun über die allerbesten Startbedingungen. Seine Mutter hatte ihm zur Konfirmation ein Fernrohr geschenkt und damit sein Interesse an der Astronomie geweckt. Er las die utopischen Romane von Jules Verne und experimentierte schon als 13-jähriger mit Feuerwerkskörpern herum. Seine brennende Leidenschaft für diese Themen motivierte ihn zu hervorragenden schulischen Leistungen, mit 18 legte er die Abiturprüfung ab und studierte danach in Berlin und in Zürich.

Doch von Brauns Begeisterung für alles, was hoch hinausfliegen konnte, machte ihn blind gegenüber denen, die seine Forschung finanzierten. 1932 nahm er einen Job beim Heereswaffenamt an, schon zwei Jahre später gelang es ihm, eine Rakete mehr als zwei Kilometer in die Höhe zu schießen. Die Augen der Kriegstreiber blitzten. Ist von Braun wirklich vor

Begeisterung blind gewesen? Waren ihm die Folgen seiner Forschung gleichgültig oder verfiel er etwa selbst der nationalsozialistischen Ideologie?

Er protestierte jedenfalls nicht dagegen, dass die Regierung sein bisheriges Testgelände in Kummersdorf bei Berlin als zu klein für ihre hochtrabenden Ambitionen befand und mit der Einrichtung eines neuen Raketentestgebiets an der Ostseeküste begann. Das Meer erlaubte Abschüsse in ein mehrere 100 Kilometer großes Gebiet, solche Experimente wären in Kummersdorf unmöglich gewesen. Voller Stolz übernahm von Braun 1937 die technische Leitung der neuen Heeresversuchsanstalt Peenemünde auf der Insel Usedom. Im gleichen Jahr beantragte er seine Mitgliedschaft in der NSDAP.

In den folgenden Jahren widmete sich von Braun voll und ganz der Entwicklung einer sensationellen Weltneuheit. Ziel war es, eine Rakete zu erschaffen, die vom Boden aus abgefeuert werden konnte und dann treffsicher anderenorts wieder einschlagen würde: eine Boden-Boden-Rakete. Dabei war natürlich von vorneherein klar, dass es sich um keine wissenschaftliche Forschungsrakete handelte, sondern um eine neuartige und fürchterliche Waffe. Das „Aggregat 4" war schließlich 14 Meter hoch und wog mehr als 13 Tonnen. Es wurde mit Ethanol und Flüssigsauerstoff angetrieben und erreichte eine sagenhafte Spitzengeschwindigkeit von Mach 5, das entspricht etwa 5.500 Stundenkilometern. Seine Reichweite betrug bis zu 300 Kilometer, die dafür benötigte Flugzeit betrug nur fünf Minuten. Gegen ein solches Monstrum gab es keinerlei Abwehrmöglichkeit, es blieb nicht einmal die Zeit, um Fliegeralarm auszulösen. In der Raketenspitze lauerten nämlich fast 740 Kilogramm Sprengstoff. Die kurz „A4" genannte Waffe war absolut neuartig, absolut schrecklich und der größte Wunschtraum derer, die einen mörderischen Krieg planten. Sie sprachen von ihr zärtlich als „Wunderwaffe". Joseph Goebbels verklärte sie ganz im Sinne der kriegstreiberischen Propaganda zur „Vergeltungswaffe 2", was ihr den Namen „V2" einbrachte. Die SS machte es sich noch einfacher und sprach nur noch von dem „Gerät". Doch bis es so weit sein sollte, war es ein langer Weg, und vor allen Dingen ein bitterer.

In den Jahren nach 1937 hatte man schrittweise die Apparaturen und Werksanlagen von Kummersdorf nach Peenemünde verlegt. Die alten reetgedeckten Fischerhäuser des Dorfs wichen großen Produktionshallen, die Fertigungshalle F1 war mit knapp 250 Metern Länge und 120 Metern Breite eine der größten Montagehallen ihrer Zeit. Im Außengelände entstanden Startrampen für die zu testenden Raketen. Für die Erschließung des Geländes wurden etliche Straßen, drei Häfen und eine Schienentrasse angelegt. Außerdem entstand ein Kohlekraftwerk zur Energieversorgung der Heeresversuchsanstalt. Das alles kostete 550 Millionen Reichsmark, vor allem aber viel Kraft. Und diese saugte man Zwangsarbeitern ab, später Kriegsgefangenen und zahllosen KZ-Häftlingen.

Denn ab 1943 war in Peenemünde ein KZ-Außenlager eingerichtet worden. Allein im Keller der F1 hausten 500 Gefangene, von Braun nannte diesen Bereich fortan „Häftlingslager F1". Es existiert ein Besprechungsprotokoll, das seine persönliche Planung des Arbeitseinsatzes dieser Menschen dokumentiert. Im November 1943 forderte er schriftlich mehr Arbeitskräfte an. In Peenemünde wurden 900 weitere KZ-Häftlinge untergebracht, hinzu kamen mehr als 3.000 Kriegsgefangene aus Polen und Russland.

Diese Menschen mussten nicht nur die Versuchsanstalt Peenemünde ausbauen und die Versuchsraketen montieren. Sie mussten vor allem auch die Teststarts durchführen. Hierbei ging vieles schief. Die erste Rakete explodierte gleich bei der Zündung. Das geschah auch später noch mehrfach, andere gerieten ins Taumeln, stürzten ab oder explodierten kurz nach der Zündung. Unzählige Häftlinge verloren ihr Leben.

Als die V2 schließlich in Serienproduktion ging, verlegte man die Fertigungsstätte aus Geheimhaltungsgründen in den Kohnstein im Harz, wo ab jetzt untertage gearbeitet wurde. Die Arbeitskräfte wurden aus dem KZ Buchenwald rekrutiert, es entstand das Arbeitslager Mittelbau-Dora. Die für die Produktion nötigen wissenschaftlichen Mitarbeiter wählte von Braun persönlich im KZ Buchenwald aus.

Man schätzt heute, dass 20.000 KZ-Häftlinge und Zwangsarbeiter im Zusammenhang mit dem Ausbau des Kohnsteins und der Entwicklung der A4 ihr Leben gelassen haben. Das sind deutlich mehr Opfer, als der tatsächliche Einsatz der Waffe forderte. Der erste Schlag erfolgte 1944 gegen London, doch die Rakete verfehlte ihr Ziel und schlug statt in der Stadtmitte in einem Vorort ein. Insgesamt wurden mehr als 3.000 A4 eingesetzt, rund 8.000 Menschen starben bei den Angriffen.

Als sich das Kriegsende Anfang 1945 abzuzeichnen begann, ließ die SS die Heeresversuchsanstalt Peenemünde räumen. Für die verbliebenen Häftlinge begann ein Todesmarsch. Im Mai 1945 besetzten die Sowjets Peenemünde. Noch erhaltene Anlagen wurden demontiert und in die Sowjetunion geschafft. Was sich nicht demontieren ließ, wurde gesprengt. Den Rest nutzte man als Militärstützpunkt weiter. Der gesamte Nordwesten von Usedom war bis 1990 Sperrgebiet der NVA. Erst 1993 wurde der Truppenstandort endgültig aufgelöst.

Übrig blieb das ehemalige Kohlekraftwerk der Anlage. Es beherbergt heute ein historisch-technisches Museum, in dem die Geschichte der Heeresversuchsanstalt Peenemünde dokumentiert ist. Exponate und Filme veranschaulichen hier nun die Geschehnisse der Vergangenheit.

Doch was wurde aus Wernher von Braun? Bereits zu Kriegszeiten hatten die Amerikaner gezielt nach deutschen Wissenschaftlern gesucht, um deren Knowhow für ihre eigenen Zwecke abzugreifen. Als von Braun sich zusammen mit einigen Wissenschaftlern aus seinem Team im Mai 1945 den US-Streitkräften stellte, musste er sich deshalb keine Sorgen um seine Zukunft machen.

Man bot ihm eine neue Heimat in Fort Bliss, Texas, wo er den Amerikanern die Funktionsweise der A4 nahebrachte. Mehr als 100 ehemalige Peenemünder folgten ihm dorthin. Bis in die Fünfzigerjahre entwickelten sie nun gemeinsam Waffen für die USA.

Dann starteten die Sowjets 1957 mit Sputnik erfolgreich den ersten künstlichen Satelliten. Die amerikanische Öffentlichkeit zeigte sich schockiert. Die offensichtliche Überlegenheit der Sowjets in der Weltraumtechnik erschien ihnen als nicht hinnehmbar. So kam es zur Gründung der NASA, der 1959 das US-Spitzenteam im Raketenbau überstellt wurde: von Braun und seine Leute. Deren Erfolg war unaufhaltsam und gipfelte zehn Jahre später in der ersten bemannten Mondlandung. Hitlers Wunderwaffenbauer mutierte zum Volkshelden der USA.

Von Brauns A4 erreichte bei ihrem ersten erfolgreichen Flug von Peenemünde aus im Oktober 1942 eine Höhe von 84,5 Kilometern. Damit ist sie das erste menschengeschaffene Objekt, das bis in den Grenzbereich zum Weltraum vordrang. Ein zum fünfzigsten Jahrestag dieser Leistung von der deutschen Luft- und Raumfahrtindustrie in Peenemünde geplanter Festakt wurde wegen internationaler Proteste kurzfristig abgesagt.

Von Braun bestritt bis zu seinem Tod im Jahr 1977 seine Verstrickung in die Barbarei des Nationalsozialismus. Offensichtlich war die Technik für ihn wirklich zum Selbstzweck geworden, er interessierte sich ausschließlich für das technisch Machbare und war nichts als ein blinder Opportunist, der seine Karriere verfolgte und sich für menschliche Schicksale nicht interessierte. Der amerikanische Liedermacher Tom Lehrer dichtete über ihn: „Wenn die Raketen erst mal oben sind, wen kümmert es, wo sie runterkommen? ‚Das ist nicht meine Angelegenheit', sagt Wernher von Braun."

Usedomer Fischsuppe

Zutaten für 4 Personen:

500 g Fischfilet
1 Weißkohl
6 Kartoffeln
150 ml Milch
4 Zwiebeln
3 Zweige Dill
50 g Mehl
2 Lorbeerblätter
Speiseöl
Salz
Pfeffer

Zubereitung:

Den Weißkohl putzen, vierteln und den Strunk entfernen. Die Zwiebeln und Kartoffeln schälen und würfeln, den Weißkohl in Streifen schneiden.

In einem Topf reichlich Öl erhitzen und die Zwiebeln darin bräunen. Dann den Weißkohl und die Lorbeerblätter hinzugeben, salzen, pfeffern und bei schwächerer Hitze unter gelegentlichem Rühren 20 Minuten lang schmoren. Die Kartoffeln in Salzwasser garen.

Das Fischfilet in Würfel schneiden, salzen und zusammen mit den Kartoffeln und deren Kochwasser zum Kohl geben. Eventuell Wasser hinzugeben, bis alles bedeckt ist. Aufkochen und danach bei milder Hitze 10 Minuten gar ziehen lassen.

Das Mehl ohne Fett in einer Pfanne bräunen und danach mit der Milch verquirlen. Anschließend unter die Suppe rühren und noch einmal kurz aufkochen lassen. Die Dillspitzen abziehen und vor dem Servieren über die Suppe streuen.

Dazu Schwarzbrot reichen.

Gut abgehangen – die Schuhe von Flensburg

Verblüfft sah ich nach oben und blieb abrupt stehen. Von Haus zu Haus spannten sich Drahtseile quer über die Straße, und daran baumelten zahllose an den Schnürsenkeln zusammengebundene Schuhe. Was ging hier vor? War ich zufällige Zeugin eines mysteriösen nordischen Rituals geworden? Fand hier ein Volksfest statt, der „Tag des Schuhs", ein Spendenaufruf für schuhlose Bedürftige oder war es ein Mahnmal wider die Verschwendung gebrauchten Schuhwerks?

Ich war auf meinem Bummel durch die Altstadt von Flensburg in die Norderstraße geraten und hatte dabei rein zufällig eine der größten Attraktionen der Stadt entdeckt. Denn die hängenden Schuhe von Flensburg genießen inzwischen einen weit über die Stadtgrenzen hinausreichenden Ruhm und sind fester Bestandteil von Stadtführungen geworden. Touristen zücken ihre Kameras und richten die Objektive auf das baumelnde Schuhwerk. Das in der gleichen Straße befindliche stolze Nordertor, ein Überbleibsel der alten Stadtbefestigung von Flensburg und Wahrzeichen der Stadt, lassen sie dabei links liegen.

Wie es sich für ein ordentliches Mysterium gehört, erwies sich die Ursachenforschung als gar nicht so einfach. Denn um das Geheimnis der hängenden Schuhe von Flensburg ranken sich viele Geschichten, Anekdoten und Legenden, hinter denen sich die Wahrheit zusammengekauert versteckt und dabei spitzbübisch grinst, denn die Geschichten sind so wunderbar bunt und facettenreich, wie es die Wahrheit selbst niemals sein könnte.

Augenscheinlich ist man in Flensburg noch immer sehr stolz auf das Geheimnis der Schuhe, und als die Lokalzeitung vor Jahren einen Wettbewerb ausrief, in dem die Bürger dazu aufgefordert wurden, die Frage nach der Herkunft der Schuhe in kreativen Episteln zu beantworten, erwies sich die Resonanz als erstaunlich groß. So erstaunlich, dass die Zuschriften schließlich in einem kleinen Büchlein zusammengefasst wurden, das man in den Läden der Norderstraße erwerben kann. Darin finden sich Gedichte, Krimis und Liebesgeschichten, das Ideenspektrum reicht von skandinavischen Pilgern, die auf dem Weg nach Santiago di Compostela ihre Schuhe in den Himmel warfen, bis hin zu einem Mann mit Frack und Zylinder, der mit einem hübschen Mädchen bei Mondschein auf einem der Seile tanzte und danach beim Abstieg seine Schuhe verlor.

Das ist allemal netter als andere Gerüchte, die behaupten, die Schuhe wiesen den Weg zum nächsten Drogendealer oder ins Rotlichtviertel. Wieder andere sprechen von einem Abiturstreich oder gar von einem politisch motivierten Mahnmal.

So fantasievoll all diese Geschichten auch sind, die Wahrheit ist profaner. Zwischen 1920 und 1973 fuhr eine elektrische Straßenbahn durch Flensburg, es war die nördlichste von Deutschland. Sie musste schließlich moderneren Bussen weichen, ihre Schienen wurden abgebaut. Zurück blieben quer über die Straße gespannte Drahtseile, an denen die Fahrdrähte der Straßenbahn befestigt gewesen waren. Über viele Jahre hinweg wurden diese Seile nun als Befestigung für die Weihnachtsbeleuchtung weiterverwendet.

In der Norderstraße gibt es einen Skateshop, und eines Tages im Jahr 2007 erwarb dort ein unbekannter Skater ein neues Paar Schuhe. Beim Verlassen des Ladens entledigte er sich im Übermut seiner alten Treter, indem er sie einfach in die Höhe warf – und sie blieben auf dem alten Straßenbahnseil hängen. Da baumelten die Latschen nun in luftiger Höhe vor sich hin, für jedermann so gut sichtbar wie unerreichbar. Der Ladenbesitzer fand das großartig und warf fortan von Kunden zurückgelassene Altschuhe dazu. Es dauerte nicht lange, bis sich weitere Nachahmer fanden. Wer auch immer ein Paar Schuhe loszuwerden hatte, warf es über die Seile in der Norderstraße. Das Schuhwerfen hatte eine nicht zu bremsende Eigendynamik entwickelt. War das nun eine freche Art der Müllentsorgung, oder hatte sich hier eine anarchische Kunstform entwickelt?

Tatsächlich sind hängende Schuhe auch anderenorts anzutreffen. In New York soll es damit angefangen haben, dass Straßengangs die Schuhe ermordeter Mitglieder zur Erinnerung an den Tatorten aufhängten. In den USA gibt es inzwischen geschätzte 80 Bäume, die mit ausgelatschten Schuhen verziert wurden. In Großbritannien, Finnland, Deutschland und Neuseeland finden sogar Wettbewerbe im Schuhwerfen statt. Die in Bäumen, über Zäunen oder an Seilen hängenden Schuh-Kunstwerke werden auch als „Shoefiti" bezeichnet – ein Kunstwort, zusammengesetzt aus „Shoe" und „Graffiti".

Also ist es doch Kunst? Wir wären nicht in Deutschland, wenn sich nicht schon bald Widerstand geregt hätte. Gerüchten zufolge war es ein militanter Rentner, in Wirklichkeit aber wohl nur ein besorgter Geschäftsmann aus der Norderstraße, der die Frage nach der Haftung stellte. Wer zahlt, wenn die Schuhe sich lösen und unschuldige Passanten dadurch zu Schaden kommen?

Die Stadt Flensburg zuckte mit den Achseln. Die Draht seile befanden sich in mehr als vier Metern Höhe und damit außerhalb des Zuständigkeitsbereichs der Stadt. Haften müsse, so das Resümee der städtischen Recherche, der jeweilige Hausbesitzer. Der Geschäftsmann verzog das Gesicht. Es wurde beschlossen, die betreffende Schuhschnur von seinem Haus zu entfernen.

Das wiederum löste heftige Proteste aus. Denn die hängenden Schuhe waren inzwischen so eine Art neues Wahrzeichen der Stadt geworden. An dieser Stelle kam die rettende Idee eines anderen Geschäftsmanns ins Spiel: Clever erweiterte er die Haftpflichtversicherung um das Risiko des Schuhfalls. Wem auch immer in Flensburg ein Schuh auf den Kopf fällt, der kann seine Ansprüche nun geltend machen.

Und das ist gar nicht so abwegig, denn es ist schon mehrfach zum Seilriss gekommen. Die Belastung war zu groß geworden, und unvermittelt purzelten die gut gelüfteten Galoschen hinab in die Norderstraße. Doch wie durch ein Wunder kam bisher niemand dabei zu Schaden.

Man wird wieder neue Schuhe aufhängen. Denn sie sind in Flensburg längst zum unverzichtbaren Kulturgut avanciert. So hat das US-Magazin „Travel + Leisure" die Flensburger Norderstraße in die Liga der „besonderen Straßen dieser Erde" aufgenommen. Und ist es nicht ein reizvoller Gedanke, dass jedermann – auch Sie und ich – an der Weiterentwicklung dieses Kunstwerks mitwirken kann?

Flensburger Präsidentencreme

Zutaten für 4 Personen:

200 g Flensburger Plätzchen
400 ml Sahne
500 g Himbeeren
100 ml Rum
4 Eigelbe
50 g Zucker
1 Tl Gelatine
2 Vanilleschoten
80 g Zartbitterschokoladeflocken

Zubereitung:

Das Vanillemark auskratzen und zusammen mit den Eigelben und dem Zucker schaumig schlagen.

Die Gelatine in 50 ml heißem (nicht kochendem) Wasser auflösen und unter ständigem Rühren langsam an die Eimasse gießen. Die Sahne schlagen und vorsichtig unter die Masse ziehen.

In vier Portionsgläser zunächst eine Schicht Flensburger Plätzchen hineinbröckeln und mit der Hälfte der Himbeeren bedecken. Mit der Hälfte des Rums beträufeln, dann die Hälfte der Ei-Sahne-Masse darauf verteilen. Nun wieder eine Schicht Flensburger Plätzchen darüberbröseln, mit den restlichen Himbeeren belegen, mit dem restlichen Rum beträufeln und mit der übrigen Ei-Sahne-Masse bedecken.

2 Stunden lang abgedeckt im Kühlschrank durchziehen lassen und vor dem Servieren mit den Schokoladenflocken bestreuen.

Flensburger Plätzchen sind ein Spritzgebäck mit Zuckerguss, alternativ kann man normales Spritzgebäck oder Plätzchen aus Mürbeteig verwenden.

Endstation Travemünde – die Viermastbark Passat

Der vielleicht schönste Stadtteil von Lübeck heißt Travemünde und liegt 20 Kilometer von der Stadtmitte entfernt am Meer. Hier, so verkündete meine Freundin Beate eines Tages, werde sie heiraten. Und zwar nicht irgendwo, sondern an Deck der Viermastbark Passat. Schließlich sollte es ja ein unvergesslicher Tag werden.

Ich staunte nicht schlecht über die ausgefallene Idee und machte mich erst einmal schlau. Die Passat zählt zu den legendären Flying P-Linern der Hamburger Reederei Laeisz, so lernte ich. Viel schlauer war ich jetzt allerdings nicht, denn weder hatte ich je von dieser Reederei gehört, noch konnte ich mir etwas unter einem „Flying P-Liner“ vorstellen. Ich musste also weiterforschen.

Die Reederei F. Laeisz, kurz FL, entstand aus einem Unternehmen, das bereits 1824 gegründet worden war. Allerdings baute man damals noch keine Schiffe, sondern kostbare Hüte, aber die können ja auch irgendwie mit dem Wind segeln.

Eines Tages kaufte der Firmenchef Ferdinand Laeisz eine Brigg, um seinen Kopfputz ins Ausland zu verschiffen. Die Hutmacherei lief nämlich ganz hervorragend, vor allem in Südamerika waren seine Produkte gefragt. In jeder größeren Stadt hatte Laeisz dort eine Niederlassung, und alle wollten sie mit Ware beliefert werden. Da drängte sich die Anschaffung eines eigenen Schiffs zur Lösung des Transportproblems geradezu auf. Nach dem Spitznamen seiner Frau taufte er seine neue Errungenschaft „Pudel“. Das war allerdings nicht besonders galant, denn mit dem Namen neckte er seine arme Frau wegen ihrer zu einer kunstvollen Frisur zusammengesteckten krausen Haare.

Dann stieg der Sohn ins Geschäft ein und machte kurzerhand eine Reederei aus dem Laden. Um eine Tradition zu schaffen, gab er fortan jedem neuen Schiff einen Namen, der mit dem Buchstaben „P“ begann, was den Schiffen bei englischen Seeleuten rasch den Namen „P-Liner“ einbrachte. Das Credo des jungen Manns war es, dass man mit seiner Flotte richtig flott vorankommen sollte, und so ließ er schnelle und robuste Windjammer bauen. „Meine Schiffe können und sollen schnelle Reisen machen!“, postulierte Carl Laeisz. Die stolzen Segelschiffe wurden in drei Farben bemalt, rot unter der Wasserlinie, weiß an der Wasserlinie und schwarz darüber. Sie erwiesen sich als absolut zuverlässig und hielten, was sie versprachen, deshalb wurden aus den „P-Linern“ schon bald die „Flying P-Liner“. Sie waren auf dem neusten Stand der Technik und laut Statistik allen anderen weit überlegen. Sanken Anfang des letzten Jahrhunderts weltweit im Schnitt drei Prozent aller Segelschiffe, so verlor Carl Laeisz rein rechnerisch nur 0,9 Prozent seiner Flotte. Und das unverschuldet, denn sowohl die stolze fünfmastige Preußen als auch die viermastigen Barken Pitlochry und Pangani strandeten jeweils nach Kollisionen mit Dampfern, deren Kapitäne nicht aufgepasst hatten. Und der Viermastbark Petschili hatte 1919 im Hafen des chilenischen Valparaíso ein übler Sturm den Garaus gemacht.

1911 lief der stählerne Viermaster Passat vom Stapel und transportierte fortan Getreide und Salpeter zwischen Europa,

Chile und Australien hin und her. Wie alle Schiffe der Reederei Laeisz war die Passat solider gebaut als andere Schiffe jener Zeit, so gab es zum Beispiel zum Aufentern stabile Holzsprossen statt wackeliger Taue. Und wie auf allen Schwesterschiffen gab es an Bord ordentliche Bezahlung, anständige Behandlung und überdurchschnittlich gutes Essen. Die Jobs waren deshalb begehrt, entsprechend konnte man sich bei Laeisz die besten Besatzungen aussuchen. Es heißt, dass die Flying P-Liner mit ihren tüchtigen Mannschaften bei starkem Sturm Kap Hoorn umsegelten, während andere schützende Buchten aufsuchen mussten. Das, verbunden mit erstklassiger Organisation beim Warenumschlag in den Häfen, machte sie schneller und weitaus rentabler als alle Konkurrenten.

In den Zwanzigerjahren wurde die Passat auf ihrer Strecke zum Fracht-Segelschulschiff umfunktioniert. Mehrfach gewann sie die „Weizenregatta", ein prestigeträchtiges Rennen der Großsegler zwischen Europa und Australien. In den Dreißigerjahren wurde sie zusammen mit ihrem Schwesterschiff Pamir nach Finnland verkauft und nach dem Zweiten Weltkrieg zum Lagerraum degradiert. 1951 sollte sie schließlich zusammen mit der Pamir abgewrackt werden. Dagegen erhob sich Widerstand. Um einen deutschen Kapitän und einen Lübecker Reeder formierte sich eine Interessengemeinschaft und schaffte beide Schiffe nach Kiel. Erneut begann die Nutzung als Segelschulschiff, dieses Mal für beide Barken.

Im September 1957 befand sich die Pamir mit einer Ladung Gerste auf dem Weg von Buenos Aires nach Hamburg. Mitten im Nordatlantik geriet sie in einen Hurrikan und sank. 78 Schiffe aus 13 Ländern und elf Flugzeuge suchten sieben Tage lang nach der Besatzung, es war die größte bisher dagewesene Rettungsaktion. Nach zwei Tagen fand man ein schwer beschädigtes Rettungsboot mit fünf Überlebenden, einen Tag später noch einen weiteren Mann, der sich mit letzter Kraft an ein sinkendes Rettungsboot klammerte. Alle 80 weiteren Besatzungsmitglieder, darunter 45 Kadetten im Alter zwischen 16 und 18 Jahren, kamen ums Leben. Man fand nur Wrackteile und zerfetzte Schwimmwesten. Überall kreisten Haie.

Wenige Wochen nach der Katastrophe geriet auch die Passat in einen schweren Sturm. Es erwischte sie südwestlich der Biskaya, ihre Gersteladung kam ins Rutschen und verursachte eine beängstigende Schräglage. Nur mit knapper Not erreichte das Schiff den Hafen von Lissabon. Das war den Eignern zu viel, erneut drohte die Abwrackung.

Da trat die Stadt Lübeck auf den Plan und kaufte das Schiff. Es erhielt einen Liegeplatz am Priwall nahe der Travemündung und diente ab jetzt als Seemannsschule, Museum, Veranstaltungsort und Jugendherberge. Seit 1978 steht die Passat unter Denkmalschutz, ein Verein kümmert sich um ihren Erhalt. Zwar ist sie noch schwimmfähig, aber dennoch nicht mehr seetüchtig. Durch Schweißarbeiten am Stahlrumpf ist dieser nicht mehr flexibel genug, um auf hoher See zu bestehen. Die Passat muss auch nichts mehr beweisen, denn sie soll sagenhafte 39-mal Kap Hoorn umrundet haben.

So kann man denn heute auf der Passat auch heiraten. Zwischen März und Oktober steht sie für Eheschließungen zur Verfügung, und wer möchte, kann gleich die ganze Hochzeitsfeier an Bord stattfinden lassen. Dazu stehen drei Veranstaltungsräume zur Wahl. Für die Gäste gibt es Kabinen mit insgesamt 98 Kojen, und das Brautpaar darf die Hochzeitssuite beziehen. Alle Einnahmen kommen der Erhaltung des Schiffes zugute.

Außer der Passat sind nur noch drei weitere Flying P-Liner erhalten. Die Padua heißt heute Kruzenshtern und ist als einziges Schiff der Flotte noch immer im Einsatz. Ihr Heimathafen ist Kaliningrad, sie dient als russisches Segelschulschiff. Die Pommern liegt als Museumsschiff im Hafen des finnischen Mariehamn. Sie fällt allerdings aus der Reihe, weil sie ursprünglich nicht für die Reederei Laeisz gebaut, sondern erst später hinzugekauft worden war. Das einzig erhaltene Schwesterschiff der Passat heißt Peking und konnte viele Jahre lang im Hafen von New York bewundert werden. Dann beschloss der Deutsche Bundestag, sie für das geplante Hamburger Hafenmuseum zurückzukaufen. Im September 2020 wurde die inzwischen restaurierte Peking nach Hamburg überführt.

Die Reederei F. Laeisz betreibt heute große Containerschiffe, Frachter und Forschungsboote. Ihr Erzfrachter Peene Ore ist das größte unter deutscher Flagge fahrende Handelsschiff. Noch immer beginnen fast alle Schiffsnamen der Reederei FL mit einem „P“.

Travemünder Fischbuletten

Zutaten für 4 Personen:

800 g Seefischfilet
200 g gewürfelter Speck
10 Pimentkörner
2 Zwiebeln
2 Lorbeerblätter
2 altbackene Brötchen
1 Ei
1 kl. Bd. Blattpetersilie
Speiseöl
geriebene Muskatnuss
Salz
Pfeffer

Zubereitung:

Das Fischfilet waschen, putzen und in grobe Stücke teilen. Die Brötchen in lauwarmem Wasser einweichen. Die Petersilienblättchen abzupfen und fein hacken, Zwiebeln schälen und würfeln.

1 l Salzwasser mit Piment und Lorbeer zum Kochen bringen. Vom Herd nehmen und das Fischfilet 10 Minuten lang darin gar ziehen lassen. Dann herausnehmen und gut abtropfen lassen. Zusammen mit den Speckwürfeln, Zwiebeln, Petersilie und den gut ausgedrückten Brötchen im Mixer zerkleinern oder durch den Fleischwolf drehen. Anschließend das Ei untermischen und mit Salz, Pfeffer und Muskatnuss würzen.

Mit angefeuchteten Händen kleine Buletten daraus formen und diese in einer Pfanne in reichlich heißem Öl goldbraun ausbacken.

Mit Salzkartoffeln und grünem Salat servieren.

Der Vilm – das Avalon der Ostsee

Einsam liegt ein verwunschenes Inselchen in der Ostsee. Es scheint wie von einer unsichtbaren Wand vor der restlichen Welt geschützt, verborgen hinter den Nebeln des Unbekannten, so als sei es in eine andere Dimension entrückt und unser pulsierendes, dicht bevölkertes Land dort nichts als das Rauschen einer fernen Utopie. Und doch ist diese geheimnisvolle Insel unserer Küste ganz nah.

Ihr Name ist „Vilm". Das Wort stammt aus dem Slawischen und bedeutet „Ulmenhain". Das klingt idyllisch, und das ist es auch auf dem gerade mal 94 Hektar kleinen Flecken, der sich erst vor drei Jahrtausenden von der Insel Rügen losgelöst hat, um fortan ein Eigenleben zu führen. Der Vilm ist nur 2,5 Kilometer lang, die höchste Erhebung ragt gerade mal knappe 38 Meter über den Meeresspiegel empor. Es ist ein stilles Refugium, umspült von den sanften Wogen der Ostsee, eine Oase der Natur, und sie allein ist die Königin dieses Reichs.

Über Jahrhunderte hinweg zog die kleine Insel Individualisten an, die das Alleinsein mit sich und der Schöpfung suchten. Es kamen Pilger, Einsiedler und auch Fürsten, die Entspannung von ihrem anstrengenden Regierungsalltag suchten. Seit 1336 gab es eine kleine Kapelle auf dem Vilm, einen Rückzugsort für stille Andachten.

Denn der Vilm ist von paradiesischem Zauber, hier scheint man dem göttlichen Wirken ein Stückchen näher als anderenorts zu sein. Besonders die Bäume sind einzigartig. Das hat seine Ursache darin, dass hier letztmals zu Beginn des 16. Jahrhunderts größere Mengen Holz geschlagen wurden. Damals hatte die Insel dem Fürsten von Putbus gehört, der sie als Sommerweide für sein Vieh nutzte. Als er starb, verordnete seine Witwe per Dekret, dass von nun an 60 Hegebäume zum Schutz der Tiere für immer stehenbleiben mussten, jeder weitere Holzeinschlag wurde stark beschränkt und 1812 schließlich ganz aufgegeben. Der Wald entwickelt sich seitdem völlig unberührt.

Mit seinen bizarren Bäumen wurde er zum Pilgerziel für die Maler der Romantik. Nirgends sonst fanden sie Motive, in denen die Kraft der Natur auf solch magische Art verkörpert wurde. So stand noch bis 1890 eine urwüchsige Eiche auf dem Vilm, in deren hohlem Stamm 16 Leute Platz fanden. Und noch heute gibt es hier ungewöhnlich viele uralte Eichen und Buchen. Die ältesten Exemplare zählen um die 600 Jahre. Viele von ihnen tragen tiefe Kerben, denn wer auf den Vilm kam, konnte der Versuchung nicht widerstehen, seine Initialen in die borkige Rinde einzuritzen. Sogar eingeschnitzte Wappen und Tiere lassen sich entdecken. Der Gesundheit der Bäume war das allerdings wenig zuträglich. Und weil sich die Schönheit des Vilm seit dem Aufkommen des Tourismus immer weiter herumsprach und deshalb immer mehr Besucher auf die Insel strömten, stellte der Stettiner Regierungspräsident den Vilm 1936 unter Naturschutz.

Dennoch kamen nach Kriegsende immer mehr Ausflügler. Viele Reisemöglichkeiten hatten die Bewohner der DDR ja nicht, und so zog es sie in großer Schar auf das reizende Inselchen mit dem mystischen Wald und seinen abwechslungsreichen Küsten. Nicht zu Unrecht erhielt es den Beinamen „Capri der Ostsee“. Wo Gäste kommen, erblühen die Geschäfte, und so gab es schon bald eine Ausflugsgaststätte. Im Sommer drängten sich zuletzt täglich zwischen 700 und 1.000 Tagestouristen auf dem Vilm herum.

Mit Ärger beobachtete man diese Entwicklung im Ministerrat der DDR. Der Naturschutz auf Vilm war mittlerweile nichts als bloße Makulatur, das schrie geradezu nach einschreitenden Maßnahmen. So wurde der Vilm 1959 per Handstreich für die öffentliche Nutzung komplett gesperrt.

Weil aber im real existierenden Sozialismus manche Proletarier gleicher als andere waren, beschloss der Ministerrat, das zauberhafte Eiland in Zukunft für sich selbst zu nutzen. Das gemeine Volk blieb ausgesperrt, folglich konnten die Herren hier in aller Ruhe und völlig ungestört ihre Ferien genießen. Sie ließen ein paar komfortable Reetdachhäuschen im Stil eines kleinen Fischerdorfs errichten. In den sumpfigen Niederungen zogen Arbeiter Entwässerungsgräben, damit die Führungselite des Arbeiter- und Bauernstaats nicht etwa durch Stechmücken drangsaliert werden möge. Ein hoher Antennenmast stellte die Versorgung mit Nachrichten und Fernsehprogrammen sicher – durchaus auch vom Klassenfeind im Westen. Am Strand wurden Toiletten- und Telefonhäuschen aufgestellt, und täglich harkten die Bediensteten den Sand fein säuberlich, damit alles schön ordentlich aussah. Entlang der Ufer duckten sich diskrete Hütten ins Gebüsch, in denen Stasiwachen auf der Lauer lagen und nach Eindringlingen Ausschau hielten.

Regelmäßig kamen nun DDR-Politiker zur Sommerfrische auf den Vilm. Mitunter genossen auch Erich und Margot Honecker hier ein paar Ferientage. Reisten die hohen Herrschaften an, so wurde der Hafen von Lauterbach auf Rügen eigens für sie abgeriegelt. Schwarze abgedunkelte Limousinen fuhren dann wie die Schatten von Gespenstern mit hoher Geschwindigkeit in den Hafen ein und bremsten an der Mole, wo ein Schiff zur Aufnahme der lichtscheuen Besucher bereitlag. Gerade mal zwei Kilometer sind es von hier bis zum Vilm, außer den Ministerialen hatten nur Verwalter und Dienstboten Zugang zu dem total abgeschotteten Resort.

Dort blieb man unter sich. Auch hohe Staatsgäste kamen nicht in den Genuss eines Besuchs auf dem Vilm. Denn für sie stand eine andere Herberge bereit: das Hotel Neptun in Warnemünde, auch bekannt unter dem Namen „Stasi-Hotel". Warnemünde war ein beliebter Ferienort für Gäste des FDGB, des Dachverbands der DDR-Gewerkschaften. Ferienheime entlang der Küste nahmen die einfachen Arbeiter auf, doch wer es sich leisten konnte, der stieg im Hotel Neptun ab. Inmitten der heruntergekommenen DDR-Tristesse erhob sich der mächtige weiße Klotz als Oase des Wohlstands direkt am Strand und bot einen dem üblichen DDR-Standard krass entgegengesetzten Komfort. Auch Staatsgäste wie Fidel Castro oder ranghohe ausländische Wirtschaftsvertreter erhielten Logis im repräsentativen Hotel Neptun. Besonders herzlich willkommen waren devisenbringende Ausländer. Für Besucher aus dem Westen eröffnete sich hier eine Gelegenheit zum preiswerten Luxusurlaub, die viele gerne ergriffen. Erst nach der Wende kam heraus, dass die gesamte Nobelherberge von der Stasi verwanzt war und deren Spione mit gespitzten Ohren zuhörten, wenn Willy Brandt, Björn Engholm oder Uwe Barschel etwas privat zu besprechen hatten. Was sich hier wirklich alles abgespielt hat, konnte bis heute nicht völlig aufgeklärt werden.

Mit dem kastenförmigen Hochhaus des Stasi-Hotels hat die DDR-Führung der Schönheit des Strandbads Warnemünde nicht gerade einen Gefallen getan. Ganz anders erging es freilich dem Inselchen vor Rügen. Denn mit der elitären Abschottung des Vilm hat das DDR-Regime der dortigen Natur letztendlich einen großen Dienst erwiesen.

Als die bisherigen Machthaber im Zuge der politischen Wende 1989 weichen mussten, drangen Reporter eines Jugendmagazins des DDR-Fernsehens auf die Insel vor und enthüllten das bislang so streng abgeschirmte Resort ihrer Ex-Regierung. Da erhob sich Protest und die lautstarke Forderung nach einer Öffnung des Vilm für die Allgemeinheit. Doch dessen Schönheit verlangte auch weiterhin nach gebührendem Schutz. Eine grundsätzliche Öffnung verbot sich aus diesen Erwägungen heraus. Der Vilm ist deshalb heute Teil des Biosphärenreservats Südost-Rügen und darf täglich nur von höchstens 30 Besuchern unter Leitung eines erfahrenen Führers besucht werden.

Diese Besucher kommen allerdings in den Genuss eines selten gewordenen Naturerlebnisses. Zwischen riesigen Bäumen, die ihre Kronen in schwindelnder Höhe zu einem grünen Gewölbe verflechten, stehen als knorrige Sonderlinge die alten Hegebäume wie Waldschrate aus den Märchen einer vergessenen Zeit. Neigt sich das Leben eines Baumes dem Ende zu, so wird er nicht fortgeräumt. Stattdessen findet er seine letzte Ruhestätte am Waldboden, wo sich eine Schar fachkundiger Totengräber um seine sterblichen Reste kümmert: Unzählige Insekten, Würmer, Pilze und Vögel verwandeln ihn allmählich wieder zurück zu dem Boden, dem er einst entwachsen ist. Und überall sprießt neues Leben aus dem Humus hervor.

Die DDR-Ferienhäuser stehen noch immer, ihre Räume dienen jetzt Seminaren der internationalen Naturschutzakademie. Ansonsten bleibt der Vilm tabu. Kaum ein anderer Ort in Deutschland darf sich in solch absoluter Unberührtheit entfalten.

Mecklenburger Flugente mit Äpfeln und Bucheckern

Zutaten für 4 Personen:

1 Flugente
150 g gewürfelter Speck
250 g Pfifferlinge
150 g Bucheckern
500 ml milder Weißwein
2 säuerliche Äpfel
100 g Paniermehl
6 Schalotten
2 Knoblauchzehen
4 Zweige Rosmarin
6 Zweige Thymian
Salz
Pfeffer

Zubereitung:

Die Bucheckern 10 Minuten lang in Salzwasser abkochen, danach schälen (das geht jetzt leichter!). Die Äpfel schälen, entkernen und in kleine Würfel schneiden. Die Pfifferlinge unter fließendem Wasser sehr rasch abspülen, auf Küchenkrepp trocknen, dann putzen und vierteln. Die Schalotten schälen, zwei davon fein hacken, die anderen beiseitelegen. Knoblauch schälen und fein hacken.

Nun für die Füllung Äpfel, Pfifferlinge, Speck, gehackte Schalotten, Knoblauch, 100 ml Weißwein sowie das Paniermehl miteinander vermischen, mit Salz und Pfeffer würzen. Die Ente waschen, trockentupfen und innen und außen salzen und pfeffern. Anschließend die Füllung hineinstopfen und die Öffnungen mit Rouladennadeln verschließen.

Die restlichen Schalotten sowie die Thymian- und Rosmarinzweige zusammen mit dem restlichen Weißwein in einen Bräter geben, die Ente hineinlegen. Den Backofen auf 180°C vorheizen und den Bräter hineinstellen. Gelegentlich mit etwas von der Flüssigkeit übergießen. Nach 1 Stunde wenden, nach einer weiteren Stunde erneut wenden. Nach weiteren 30 Minuten herausnehmen und mit der Oberseite nach oben auf einen Rost legen. Die Hitze auf 220°C erhöhen und die Ente 30 Minuten lang auf mittlerer Schiene knusprig werden lassen.

In der Zwischenzeit den Fond durch ein Sieb gießen, noch einmal aufkochen und mit Salz und Pfeffer abschmecken. Eventuell etwas abbinden. Die Ente tranchieren und mit der Füllung servieren.

Dazu Speckbratkartoffeln und Salat reichen.

Die chinesische Prinzessin und der Hippogryph – der Rasende Roland

Angelika war entzückend. Sie war eine chinesische Prinzessin, und ein Zauber hatte sie an den Hof Karls des Großen verschlagen. Alle Ritter waren auf der Stelle hingerissen von der exotischen Schönheit, aber einen von ihnen erwischte es ganz besonders schlimm: Karls Neffen Roland. Er verliebte sich so sehr in Angelika, dass er den Verstand verlor.

Das war übel. Zum Glück hatte Roland aber einen treuen Freund, den britannischen Prinzen Astolfo. Und der wiederum besaß einen der seltenen Hippogryphe, ein wundersames Fabelwesen mit Kopf, Flügeln und Vorderleib eines Adlers und dem Hinterleib eines Pferdes. Erst Harry Potter sollte Jahrhunderte später wieder einem solch fabelhaften Mischwesen begegnen, bei ihm würde es „Hippogreif" heißen.

Der beherzte Astolfo schwang sich nun auf seinen Hippogryphen und ließ sich von diesem rittlings bis zum Mond tragen. Denn wie jedermann weiß, werden da alle Gegenstände aufbewahrt, die auf der Erde verlorengegangen sind. Folgerichtig fand Astolfo dort eine Flasche, in der sich Rolands Verstand befand, und die brachte er flugs zurück zu seinem Freund. Das beendete die Raserei des durchgedrehten Roland, und endlich war er wieder normal. So weiß es eine alte Geschichte des Italieners Ludovico Ariosto, aufgeschrieben im Jahr 1516: Orlando furioso – der rasende Roland.

Ein paar Fragen bleiben dabei freilich offen. Vor allen Dingen fragt man sich natürlich, wie um alles in der Welt eine chinesische Prinzessin an den Namen „Angelika" gekommen sein mag. Trotzdem ist es ein schönes und hochromantisches Epos. Dieser Roland rast nun nicht mehr, dann soll es jetzt doch ein anderer tun!

Ob die Bergarbeiter der Sowjetisch-Deutschen Aktiengesellschaft Wismut das alte Märchen gekannt haben? Sie schufteten in den sächsischen Uranabbaustätten, das hieß harte Arbeit und ständige Gesundheitsgefährdung, denn sie waren feinem Quarzstaub und ionisierender Strahlung ausgesetzt. Um etwas Erholung zu finden, reisten die Männer seit den Fünfzigerjahren des letzten Jahrhunderts zum Urlaub nach Binz auf Rügen. Mit dem Zug ging es nach Stettin und von dort aus über den Strelasund auf die Insel. Der Strelasunddamm war zwar im Krieg zerstört worden, aber die Sowjets hatten ihn danach recht zügig wieder instand setzen lassen. Ab Altefähr auf Rügen ging es mit einem anderen Zug weiter. Denn das Rügener Bahnnetz hat nur eine Spurweite von 750 Millimetern, hier verkehrt eine Schmalspurbahn.

Mit dem Umsteigen in diese Bahn mag sich das Hochgefühl der Reisenden aus den tristen Bergbaugebieten zur Euphorie gesteigert haben. Nun ging es im Zockeltempo weiter, gemütlich ratterte die Bahn durch eine blühende Landschaft, und die frische Brise der Meeresluft umschmeichelte die Kumpel. Vorneweg schnaufte die Lok. Kraftvoll kreisten die Pleuel und stampften die Kolben, und zischend stieß die Lok den Dampf aus, fast als sei sie ein lebendiges Wesen. Irgendwann kam unter den Bergarbeitern ein Name für diesen Zug auf, der sie ins Glück brachte wie einst Astolfo auf seinem Hippogryphen das Glück zurück zu Roland gebracht hatte: Sie nannten ihn „der Rasende Roland". Und dabei sollte es bleiben.

Dass es überhaupt eine Bahnstrecke auf Rügen gibt, ist dem preußischen Kleinbahngesetz von 1892 zu verdanken. Damals wurde das Deutsche Reich bereits von einem breit angelegten Eisenbahnnetz durchzogen, doch blieben die abgelegeneren Landesteile davon vernachlässigt. Ziel war es nun, das Land bis in den hintersten Winkel zu erschließen und damit jeder Region Anschluss an die wirtschaftliche Entwicklung zu ermöglichen. Das sollte so einfach und preisgünstig wie möglich geschehen, für die strukturschwächeren Gebiete gab es daher nur eine bescheidene Spurweite.

Der erste Streckenabschnitt der neuen Rügenschen Bahn verlief von Putbus nach Binz. Dabei ging es aber nicht um das schnelle Erreichen des herrlichen Strandes von Binz, das schon damals ein nobler Badeort war. Vielmehr sollte den einzelnen Gutshöfen ein müheloser Zugang zur Bahnstrecke ermöglicht werden, damit sie dort ihre Produkte bequem zum Abtransport auf Güterwagen verladen konnten. Entsprechend verschlungen geriet der Streckenverlauf.

Bis 1910 war die Rügensche Kleinbahnstrecke auf fast 100 Kilometer Länge angewachsen. Es zeigte sich, dass die Bäderstrecke zwischen Putbus und Göhren die profitabelste der Verbindungen darstellte. Hier ratterten lange und oft überfüllte Personenzüge, hinter deren Waggons folgten noch ein paar Güterwagen. Und weil es sich nur um eine Schmalspurbahn handelte, bummelte der Zug entsprechend langsam durch die Gegend.

Deshalb hätte man ihn damals beinahe auf Regelspurbreite erweitert, doch der Erste Weltkrieg kam dazwischen. Krieg und inflationsgeplagte Nachkriegsjahre ließen die Probleme der Schmalspurbahn von Rügen in den Hintergrund rücken. Erst die Nationalsozialisten hatten wieder große Pläne mit den deutschen Bahnen, enteigneten unter anderen auch die Rügensche Schmalspurbahn und verleibten sie der Pommerschen Landesbahn ein. Weiter kamen sie allerdings nicht. Weil sie auch noch andere große Pläne hatten, vereitelte mal wieder ein Krieg den Umbau der Rügenschen Bahn.

Die Sprengung des Rügendamms verhinderte, dass die Gleisanlagen der Rügenschen Kleinbahn nach Kriegsende als Reparation für die Sowjetunion abmontiert wurden. 1949 übernahm die Deutsche Reichsbahn die Strecke, und seit den Fünfzigerjahren brachten die Züge wieder Urlauber in die Badeorte der Insel. Weil überall im Land alte Schmalspurstrecken zur Regelspurbreite umgebaut wurden, schaffte die Reichsbahn deren Loks und Waggons nach Rügen, wo noch immer die alte Schmalspur weiterexistierte. So erhielt Rügen einen stattlichen Fuhrpark.

Nach wie vor brummte die Verbindung Putbus–Göhren über Binz, Sellin und Baabe. Weniger interessant waren die Strecken Altefähr–Putbus und Bergen–Altenkirchen. Zunehmender Individualverkehr sorgte für nachlassende Auslastung, die Bahnverwaltung begann, die Trassen zu vernachlässigen, und schließlich legte man sie ganz still. Auch der Güterverkehr hatte sich inzwischen auf die Straße verlagert, zumal sich das Umladen auf die Schmalspurwagen viel zu umständlich gestaltete. In den Siebzigerjahren fiel schließlich der Blick auf die letzte Strecke des Rasenden Roland, den Personenzugverkehr zwischen Putbus und Göhren. Loks, Waggons und Gleisanlagen befanden sich in erbärmlichem Zustand. Also beschloss man, dem Zeitgeist zu folgen. Weg mit der Bahn, her mit dem Auto!

Aber die Rügener Eisenbahner und vor allem auch ihre zahlreichen Fans wollten das nicht hinnehmen. In letzter Sekunde gelang es ihnen, das drohende Ende abzuwenden. Man ließ die Bahn rollen, und auch die Zeit rollte weiter.

So kommt es, dass auf Rügen heute eine Eisenbahn fährt, die seit 1895 ununterbrochen in Betrieb ist. Und nicht nur das, sie fährt auch noch immer mit den historischen Wagen. Die älteste Lok wurde 1914 gebaut, der älteste Wagen stammt von 1895. Insgesamt fahren noch sieben Dampflokomotiven, und das im planmäßigen Personenzugverkehr. Die Strecke wurde mittlerweile sogar bis Lauterbach Mole erweitert. Hier lebt er weiter, der Traum vom Beruf des Lokomotivführers. Und zwar mit all seinen Facetten, denn der Rasende Roland rollt mit Kohle, jede einzelne davon wird von Hand in seinen Kessel geschaufelt.

Mit gemütlichen 30 Stundenkilometern zuckelt die Rügensche Bäderbahn durch die malerische Landschaft der Insel. Von „Rasen“ kann dabei wohl kaum die Rede sein, der Rasende Roland scheint vielmehr seine Ruhe gefunden zu haben wie einst der Neffe Karls des Großen. Und das ganz ohne die Hilfe eines britannischen Prinzen namens Astolfo.

Rügener Buttermilchplinsen mit Birnenkompott

Zutaten für 4 Personen:

500 ml Buttermilch
250 g Mehl
4 Eier
8 süße Birnen
1 unbehandelte Zitrone
200 ml milder Weißwein
100 g brauner Zucker
1 Zimtstange
Butterschmalz
Salz

Zubereitung:

Die Birnen waschen, vierteln, entkernen und in Scheiben schneiden. Die Zitrone waschen, 1 El des äußeren gelben Schalenanteils abreiben, dann die Zitrone auspressen.

Die Birnen mit dem Zitronensaft und dem Schalenabrieb, dem Wein, dem braunem Zucker und der Zimtstange in einem Topf aufkochen, dann die Hitze reduzieren und anschließend 15 Minuten lang unter gelegentlichem Rühren köcheln lassen. Danach abkühlen lassen.

Die Buttermilch in einer Schüssel mit einem Schneebesen mit den Eiern, dem Mehl und 1 Prise Salz verquirlen. Anschließend den Teig abgedeckt 20 Minuten lang quellen lassen.

In einer kleinen Pfanne etwas Butterschmalz erhitzen und dann mit einer Suppenkelle etwas Teig hineingeben. Bei mittlerer Hitze braten, bis der Teig zu stocken beginnt, dann mithilfe des Pfannendeckels oder eines Tellers wenden und noch einmal kurz weiterbraten. So weiterverfahren, bis aller Teig verbraucht ist. Die fertigen Plinsen zwischenzeitlich im Backofen warmhalten.

Die Zimtstange aus dem Birnenkompott entfernen und das Kompott zusammen mit den Plinsen servieren.

Mürwik und Glücksburg – zwei Schlösser am Meer

Wer an Flensburg denkt, zuckt vielleicht zunächst zusammen bei der Erinnerung an seine dort beim Kraftfahrt-Bundesamt zusammengetragenen Punkte. Mag sein, dass er sich dann mit dem Gedanken an das Flensburger Bier und den Rum tröstet, oder damit, dass der Erotikversand der Beate Uhse AG hier seinen Sitz hat. Aber kaum jemand würde wohl an Schlösser denken. Und doch gibt es in Flensburg sogar gleich zwei davon, und die sind auch noch ausgesprochen historisch bedeutsam.

Gut, um der Wahrheit die Ehre zu geben, ist das erste davon gar kein richtiges Schloss. Zumindest nicht in dem Sinne, dass hier einst Könige oder wenigstens hochadelige Fürsten residiert hätten. Trotzdem nennt man es „das rote Schloss am Meer“: Es ist die Marineschule Mürwik von 1910, die Kaderschmiede der Deutschen Marine.

Die Kinder und ich waren sehr beeindruckt, als mein Mann uns eines Tages über das Gelände führte. Der Zugang ist natürlich streng reglementiert, aber als Marineoffizier, der hier einst seine Ausbildung genossen hatte, erhielt er Zutritt und durfte uns mitnehmen. Das repräsentative Hauptgebäude ist der mittelalterlichen Backsteingotik nachempfunden und ragt mit seinem Turm imposant und ehrfurchtgebietend aus der Anlage hervor. Auf dem weitläufigen Gelände verteilen sich noch zahlreiche weitere Bauwerke, zum Beispiel die Kommandeurvilla, in der bis zum Ende des Zweiten Weltkriegs der Chef des Stützpunktes residierte, die Unterkunftsbaracken für die weniger privilegierten Bewohner, die Marinesportschule, der Hafen, der Wasserturm, mithilfe dessen die Wasserversorgung der Marineschule gesichert wird.

Schreitet man an den geschichtsträchtigen Bauwerken vorbei, so darf man nicht vergessen, dass hier vom 3. bis zum 23. Mai 1945 nach Hitlers Selbstmord die letzte deutsche Reichsregierung unter dem nationalsozialistischen Großadmiral und Oberbefehlshaber der Kriegsmarine Karl Dönitz ihren Sitz hatte. Verzweifelt versuchte der enge Gefolgsmann Adolf Hitlers als Chef des Flensburger Kabinetts, das Regime noch irgendwie über Wasser zu halten und dabei die bedingungslose Kapitulation der Wehrmacht möglichst glimpflich zu überstehen.

Karl Dönitz wurde in Nürnberg der Prozess gemacht, was ihm erstaunlich milde zehn Jahre Haft wegen Führung eines Angriffskriegs verbunden mit Kriegsverbrechen einbrachte. Die deutsche Öffentlichkeit und insbesondere auch die Deutsche Marine taten sich in der Nachkriegszeit schwer damit, sich von Dönitz zu distanzieren. Das ist ein typisches Beispiel für die Probleme der deutschen Gesellschaft, sich in den ersten Jahrzehnten nach der Nazizeit neu zu entwerfen und ein grundlegendes Umdenken einzuleiten.

Nach Einführung der Bundesmarine in den Fünfzigerjahren widmete sich die Marineschule Mürwik wieder ihrer ursprünglichen Aufgabe. Der Flensburger Stadtteil Mürwik war weitgehend militärisch geprägt, was sich jedoch seit den Neunzigerjahren allmählich änderte. Denn nach der Wiedervereinigung wurde der Marinestützpunkt verkleinert, heute gibt es hier nur noch zwei Schulen der Bundeswehr. Die Schnellbootflottille wanderte nach Warnemünde ab, die Geschwader der

Schnellboote, Flottendienste und Minensucher wurden ganz aufgelöst. Seit Oktober 2012 befindet sich der Führungsstab der Deutschen Marine im Marinekommando Rostock. Mit diesem Schritt wurde auch das bisherige Flottenkommando in Glücksburg aufgelöst.

Und damit verlassen wir das militärische Schloss am Meer und wenden uns dem anderen Flensburger Schloss zu, das wie aus einem romantischen Märchen entsprungen wirkt und dadurch in scharfem Gegensatz zu allem Militärischen steht. Schloss Glücksburg trägt das Glück schon im Namen, doch wenn es auch nur einen etwas energischeren Steinwurf von Flensburgs Zentrum entfernt liegt, gehört es streng genommen nicht zur Stadt selbst. Denn Glücksburg ist eine eigenständige Stadt, mit knapp 6.000 Einwohnern allerdings keine sonderlich große. Sie liegt an der Flensburger Förde auf der Halbinsel Angeln. Deren Bewohner waren es, die einst in großer Zahl nach Britannien auswanderten und dort East Anglia gründeten.

Flensburg besaß schon im Mittelalter eine große militärische Bedeutung und verfügte über mehrere Burganlagen, die heute nicht mehr existieren. Von diesen Stützpunkten aus lieferte man sich so manche kriegerische Scharmützel, aus denen zu Beginn der Neuzeit die Dänen schließlich siegreich hervorgingen. Der dänische König übertrug seinem Bruder Johann einige Ländereien an der Flensburger Förde, und der überlegte sich, wie er seinen politisch unbedeutenden Rang durch auffällige Zurschaustellung seines materiellen Reichtums kompensieren könnte. Ein repräsentatives Schlösschen schien da das geeignete Mittel der Wahl zu sein.

So ließ er ab 1582 ein bildschönes Wasserschloss an der Stelle eines früheren Klosters errichten. Der Architekt hieß Nikolaus Karies, doch vermutlich wurzelt der Grund für die ebenmäßige Form des schneeweißen Bauwerks nicht in unterbewussten Ängsten des Baumeisters. Das Schloss ist quadratisch und an jeder Seite mit achteckigen Türmen versehen.

In vollendeter Symmetrie hebt es sich würdevoll und doch lieblich aus dem Wasser des künstlich angelegten Schlossteichs, in dem es sich malerisch widerspiegelt. Es ist von üppigem Grün gerahmt, an seiner Nordseite befinden sich eine Vorburg und dahinter der barocke Schlosspark mit prächtigem Rosarium. Die Gesamtkomposition ist ein wahrhaft magischer Anblick. Fast erwartet man, dass im nächsten Moment Schneewittchen aus dem Turmfenster herausschaut, doch Schloss Glücksburg wird schon lange nicht mehr bewohnt.

Allerdings ist es noch immer der Oberhoheit seiner herrschaftlichen Dynastie unterstellt. Die dänischen und preußischen Adelshäuser sind eng verbandelt, da ihre Sprösslinge im Laufe der Jahrhunderte immer wieder miteinander verheiratet wurden. Zeitweise war Schloss Glücksburg die Sommerresidenz des dänischen Königshauses. Im 19. Jahrhundert erlangte es dadurch noch größere Bedeutung innerhalb der europäischen Adelsgeschlechter. Denn der dänische König Christian IX. machte Glücksburg zur „Wiege Europas", geschickt taktierend verheiratete er eine seiner Töchter mit dem späteren russischen Zaren und die andere mit dem Kronprinzen des Königsreichs Hannover, der gleichzeitig Herzog von Cumberland war. Christians Sohn wurde König von Griechenland, sein Enkel König von Norwegen. So kommt es, dass das Haus Glücksburg heute mit allen europäischen Dynastien verwandt ist. Mitglieder des Hauses Glücksburg sind zum Beispiel Margarethe II. von Dänemark, der norwegische König Harald V., Prinz Philip Duke of Edinburgh und die spanische Königin Sophia.

Doch die königliche Verwandtschaft alleine reicht heutzutage nicht mehr aus, um eine so kostenintensive Immobilie wie

Schloss Glücksburg zu unterhalten. Als Wasserschloss ist es ständig hoher Feuchtigkeit ausgesetzt, das Beheizen der Innenräume ist angesichts der damit verbundenen Kosten kaum noch vorstellbar. Deshalb wurde das Schloss schon 1922 in eine Stiftung eingebracht, deren Vorstand durch die herzogliche Familie gestellt wird. Heute ist es ein Museum, hier finden Konzerte und andere kulturelle Veranstaltungen statt. Und in der Märchenschlosskulisse heiraten kann man auch. Ob meine Freundin Beate das gewusst hat?

Als am Ende des Zweiten Weltkriegs Karl Dönitz das Flensburger Kabinett im Sonderbereich Mürwik leitete, hatte im nahen Schloss Glücksburg Reichsminister Albert Speer Quartier genommen. Hier hoffte er wohl, im Schutz des Schlosses verborgen weiter die Fäden ziehen zu können, um Europa noch tiefer in die Finsternis zu stürzen. Dabei hat er offensichtlich den Wahlspruch des Bauherrn Johann übersehen, der über dem Schlossportal durch die Buchstaben „GGGMF“ zum Ausdruck gebracht wird und dem Schloss seinen Namen eintrug: „Gott gebe Glück mit Frieden“.

Schnüüsch – eine Gemüsesuppe

Zutaten für 4 Personen:

1 l Milch
200 g Kartoffeln
200 g Dicke Bohnen
250 g Buschbohnen
250 g Möhren
250 g Erbsen
1–2 Kohlrabi
120 g kalte Butter
1 Bd. Blattpetersilie
½ Tl Bohnenkraut
weißer Pfeffer
Salz

Zubereitung:

Die Kartoffeln mit der Schale in Salzwasser garen, pellen und in Scheiben schneiden. Möhren putzen und in Scheiben schneiden, Kohlrabi schälen und würfeln, Buschbohnen waschen, die Enden und Fäden entfernen. Nun alle Gemüsesorten separat in Salzwasser garen. Der Grund liegt darin, dass die Gemüse unterschiedliche Garzeiten haben, jede Sorte soll auf den Punkt gegart werden und noch bissfest sein.

Petersilienblättchen abzupfen und fein hacken. Die Milch mit der Hälfte der Butter kurz aufkochen, die Hitze soweit reduzieren, dass die Milch nur noch köchelt. Das Bohnenkraut hinzugeben, mit Salz und Pfeffer würzen und alle Gemüse einschließlich der Kartoffeln hineingeben. Wenige Minuten ziehen lassen, die Petersilie unterrühren und auf Suppentellern anrichten. Die restliche Butter in vier Stücke teilen, jeweils eins auf die Teller setzen, sofort servieren.

Schnüüsch kann als vegetarische Suppe verzehrt werden, oft werden aber Holsteiner Katenschinken oder Matjes dazu gereicht. Das Gericht kommt von der Halbinsel Angeln. Traditionell ist es ein Sommeressen und wird zubereitet, wenn die Gemüse frisch im Garten geerntet werden können.

Gib niemals auf – die Geschichte vom kleinen Heinrich

Zwischen den Hansestädten Rostock und Wismar erstreckt sich ein weites, fruchtbares Land hinter der Haffküste der Ostsee. Auf halbem Weg zwischen den beiden Städten liegt die Ortschaft Neubukow nur elf Kilometer vom Meer entfernt. Das jüngste Kind des Pastors dieser kleinen Gemeinde zählte gerade ein Jahr, als sich dem Vater eine große Chance eröffnete: Man bot ihm eine ziemlich einträgliche Pfarrstelle in der Müritzer Gemeinde Ankershagen an. Das Geld im Pfarrhaus war knapp, und zu den fünf Kindern sollte sich demnächst ein sechstes gesellen. Da erschien das Angebot aus Ankershagen wie ein Geschenk des Himmels.

Dem Pastor und seiner Frau fiel es schwer, Abschied von der Heimat zu nehmen, und so trösteten sie sich damit, eines Tages wieder zurückzukehren. Sie liebten beide die Küste der Ostsee, die nun 60 Kilometer weiter entfernt lag als zuvor. Doch die vielen Seen und die sanfte Landschaft Ostmecklenburgs versöhnten sie bald mit der neuen Heimat.

Sie bezogen das Pfarrhaus, ein gemütliches Fachwerkhaus mit schönem Garten, und schnell fassten die Ankershagener Bürger Vertrauen zu ihrem neuen Pastor. Die Kinder liebten die Freiheit, die das neue Leben ihnen bot. Denn Ankershagen war nur ein Dorf, statt zwischen den Stadthäusern von Neubukow tobten sie nun in der Freiheit von Wiesen und

Feldern herum. So gingen acht friedliche Jahre dahin. Doch dann brach ein Winter an, der das Leben der Pastorenfamilie für immer verändern sollte.

Am Weihnachtsabend des Jahres 1832 wehte ein recht kalter Wind und vereinzelte Schneeflocken wirbelten wild durch die Luft. Die Fenster der Bauernhäuser waren dunkel, nur aus den gotischen Fenstern der kleinen gedrungenen Kirche fiel ein schwacher Lichtschein hinaus auf die Straße. Denn in der Kirche hatten sich alle Bürger zur Christvesper versammelt. Der Pfarrer verkündete mit getragener Stimme die frohe Botschaft von der Kanzel herab, sein Blick schweifte über die versammelte Gemeinde. Kurz huschte ein Schatten über seine Miene, als er Heinrich ansah, seinen neunjährigen Sohn. Heinrich verhielt mal wieder unruhig, er rutschte auf der harten Kirchenbank hin und her. Der Junge war ein quirliger Geist, stillzusitzen fiel ihm schwer. Der Vater zog kaum merklich die Augenbrauen mahnend zusammen, als sich ihre Blicke begegneten. Sofort erstarrte Heinrich, richtete sich auf und saß artig still. Stoisch fuhr der Vater in seiner Predigt fort, doch insgeheim lächelte er. Er wusste, dass Heinrichs Disziplin nicht von Dauer sein würde. Aber der Junge war nicht nur rastlos, sondern auch das aufgeweckteste seiner mittlerweile acht Kinder.

Doch heute Abend ist Heinrich besonders unruhig, das muss der Vater doch verstehen! Es ist der Heilige Abend, zu Hause wartet die prächtig geschmückte Stube. Und besser noch, unter dem weihnachtlichen Tannenbaum liegt ein Geschenk für Heinrich, was mag es wohl sein? Heinrich ist so gespannt, er hat sich ein Buch über die Vergangenheit gewünscht, wird er es bekommen? Das Buch hat Georg Ludwig Jerrer geschrieben, es heißt „Weltgeschichte für Kinder“. Es ist dick und ganz schön teuer. Heinrichs Eltern sind nicht besonders reich. Er wagt kaum zu hoffen, dass sie seinen Wunsch erfüllen werden.

Heinrich muss sich noch länger gedulden. Nach der Kirche gibt es das Weihnachtsessen, Heinrich möchte so schnell wie möglich damit fertig werden. Doch die Mutter ermahnt ihn, nicht so zu schlingen. Die Geschenke gibt es erst, wenn alle aufgegessen haben, und es ist doch ein besonderes Essen, das letzte Essen des Adventsfastens. Es gibt Salzheringe mit Kartoffeln, erst am nächsten Tag wird es das große Weihnachtsfestessen geben.

Als auch Heinrichs jüngste Schwester ihren Teller geleert hat, räumen die Kinder in Windeseile den Tisch ab. Heinrichs Mutter erhebt sich schwer von ihrem Stuhl, sie ist mit dem neunten Kind schwanger, und dankbar lächelnd nimmt sie den Arm ihres Mannes, der sie in die Weihnachtsstube geleitet.

Hier setzen sich nun alle Kinder um den herrlichen Weihnachtsbaum herum, während der Vater die Kerzen anzündet und die Mutter sich in den Lehnstuhl fallen lässt. Noch immer muss Heinrich geduldig bleiben, denn nun nimmt auch der Vater in einem Sessel Platz, schlägt die Bibel auf und liest die Weihnachtsgeschichte vor. Mit großen Augen hören seine Kinder ihm zu, nur Heinrich beginnt schon wieder, hin und her zu rutschen. Wann wird es endlich so weit sein?

Sie singen noch ein paar Weihnachtslieder, und nie erschienen Heinrich deren Strophen so lang. Endlich ist der ersehnte Moment da, lächelnd gibt der Vater die Erlaubnis, und Heinrich stürzt sich auf sein Päckchen, das die ganze Zeit zwischen den anderen unter dem Baum gelegen hat. Im letzten Moment reißt Heinrich sich zusammen, er weiß, dass er das kostbare Geschenkpapier vorsichtig abwickeln muss. Mit zitternden Händen faltet er es auseinander – da ist sie, die „Weltgeschichte für Kinder"! Heinrich kriecht in einen verborgenen Winkel hinter dem Tannenbaum und schlägt das Buch auf. Er ist taub für das Juchzen und Plappern seiner Geschwister, die ebenfalls ihre Geschenke in Empfang nehmen.

Später am Abend sind alle zu Bett gegangen, nur der Pastor und seine Frau sitzen noch in der Weihnachtsstube und sprechen über die Dinge, die das neue Jahr bringen wird. Im März kommt das neunte Kind zur Welt, welchen Namen soll es tragen? Schließlich erhebt sich die Mutter. Sie ist müde und will endlich zu Bett gehen. Der Vater löscht noch die Kerzen am Weihnachtsbaum, da hört er ein Geräusch: Es ist Heinrich, der noch immer in seiner Ecke hinter dem Weihnachtsbaum kauert, so vertieft in sein Buch, dass er die Welt um sich herum vergessen hat. Schon will der Vater ihn ermahnen, da redet Heinrich mit funkelnden Augen drauflos. Er hat von Troja gelesen, von Hektor und Achilles, von der schönen Helena, von Odysseus und dem Trojanischen Pferd. Was für eine Geschichte! Und dieses einst so mächtige Troja soll vergessen und für immer verschollen sein?

„Nein", sagt Heinrich entschlossen. „Wenn ich groß bin, dann werde ich Troja ausgraben!" Der Vater lacht zuerst, doch plötzlich hält er inne. Ernst sieht er Heinrich an. Dann sagt er: „Grabe Troja aus. Das ist ein edles Lebensziel."

Drei Monate nach diesem Abend stirbt Heinrichs Mutter bei der Geburt des neunten Kindes. Heinrich kommt zurück an die Ostsee, in die Familie seines Onkels, die in Kalkhorst ganz im Nordwesten von Mecklenburg lebt. Hier endet das Land in einer malerischen Steilküste, doch Heinrich kennt nur noch ein Ziel. Er will Troja entdecken!

Es trifft ihn hart, dass er aus Geldmangel den Besuch des Gymnasiums abbrechen muss. Das macht ihn krank, so krank, dass er seine Kaufmannsausbildung nicht zu Ende bringen kann. Er schlägt sich als Lagerarbeiter in Hamburg durch und heuert schließlich aus Verzweiflung auf einem Schiff nach Venezuela an, denn er ist völlig verarmt. Doch das Schiff kommt nicht weit, es strandet bei schlechtem Wetter vor Texel. Dieser Umstand verschlägt Heinrich nach Amsterdam. Hier findet er eine Botenstelle. Er lernt ausgesprochen schnell die Landessprache. Offensichtlich hat er ein besonderes Talent, deshalb beginnt er, sich mit Sprachen zu beschäftigen. Innerhalb nur eines Jahres lernt er auch noch Italienisch, Portugiesisch und Spanisch. So kommt er an eine Korrespondentenstelle, und als er auch noch Russisch lernt, schießt seine Karriere mit einem Mal steil nach oben. Er siedelt nach Sankt Petersburg über und verdient viel Geld im Kolonialwarenhandel.

Heinrichs Bruder Ludwig hatte sein Glück in der Neuen Welt versucht und war dort als Goldgräber unterwegs. So packte auch Heinrich eines Tages die Abenteuerlust und er reiste nach Amerika. Blitzgescheit und geschäftstüchtig gründete er dort eine Bank und investierte erfolgreich in Eisenbahnprojekte. Wohlhabend kehrte er zurück nach Russland und heiratete eine Kaufmannstochter von hohem gesellschaftlichem Rang. Der Handel mit Munition im Krimkrieg und Spekulationen an der Petersburger Börse machten ihn endgültig zum Krösus. Der Selfmademan war 1855 der wohlhabendste Kaufmann von ganz Sankt Petersburg. Aber sein Lebensziel hatte er noch nicht erreicht.

Nun wurde es aber endlich Zeit dafür! Heinrich lernte Latein und Altgriechisch, aber seine Geschäfte ließen ihn nicht los. Es dauerte noch ganze zehn Jahre, bis er es schaffte, sich aus seinem Unternehmen zurückzuziehen. Dann endlich studierte er Altertumskunde an der Pariser Sorbonne. Er war inzwischen vierundvierzig Jahre alt.

1868 trat Heinrich seine erste Forschungsreise an. Er folgte den Spuren des Odysseus, versuchte vergeblich, den Palast von Ithaka zu finden, fuhr weiter ins Osmanische Reich und begann mit der Suche nach Troja. Diese Ambitionen missfielen seiner russischen Frau, sie hatte keinerlei Verständnis für Heinrichs kostspielige Leidenschaft. Sollte er doch zurückkehren und wieder Geld verdienen, so wie es sich gehörte!

Da reiste Heinrich kurzerhand nach Amerika, nahm die amerikanische Staatsbürgerschaft an und ließ sich scheiden. Die nach den strengen Regeln der russisch-orthodoxen Kirche geschlossene Ehe hätte sich in Europa nämlich nicht auflösen lassen. Eine griechische Frau wäre viel passender für seine Pläne, dachte sich Heinrich, und ließ sich aus Athen Fotografien von geeigneten Heiratskandidatinnen zusenden, während die Universität Rostock ihm in der alten Heimat Respekt zollte und ihm die Doktorwürde verlieh.

Er heiratete ein gerade mal 17-jähriges griechisches Mädel und kaufte sich eine Villa in Athen. Innerhalb von drei Wochen lernte er Türkisch und erkämpfte sich eine Grabungserlaubnis in der Troas Kleinasiens. Sein Gespür für die Lage von Troja schien sich als treffsicher zu erweisen, er entdeckte Tore und Straßen, und schließlich den sagenhaften Schatz des Priamos. Stolz und glücklich verkündete Heinrich 1873, sein Lebensziel sei erreicht. Er hatte Troja entdeckt!

Sie haben es sicher schon erraten: Heinrich hieß mit Nachnamen Schliemann. Wie ein Lauffeuer verbreitete sich die Nachricht von der Sensation um die ganze Welt. Heinrich Schliemanns Traum war Wirklichkeit geworden!

Ein so leidenschaftlicher Archäologe macht natürlich trotzdem weiter. Heinrich Schliemann durchwühlte Mykene auf der Suche nach dem Grab Agamemnons und entdeckte eine prunkvolle Grabanlage mit kostbaren Beigaben. Neben einem lebensgroßen silbernen Kuhkopf mit goldenen Hörnern fand er eine fantastische Totenmaske aus purem Gold.

Insgesamt brachte er 13 Kilogramm Gold zutage, die von den griechischen Behörden gleich unter Verschluss genommen wurden und heute im Nationalmuseum von Athen bewundert werden können. Unter den mykenischen Artefakten fand Schliemann auch Bernstein von der Ostseeküste und eröffnete damit ganz neue Erkenntnisse über die Handelsbeziehungen in der Antike.

Ob es sich bei der bronzezeitlichen Stätte, die Schliemann in Kleinasien entdeckt hat, wirklich um Troja handelt, ist bis heute nicht endgültig bewiesen worden. Es gilt nicht einmal als gesichert, dass die Stadt aus der Homerischen Dichtung überhaupt jemals in der Realität existiert hat. Unumstritten ist aber, dass Heinrich Schliemann ein Wegbereiter der Archäologie war und die Altertumsforschung durch ihn überhaupt erst ins öffentliche Interesse rückte.

Noch mehrere Male führte Schliemann großangelegte Grabungen in Troja durch. Er plante weitere Ausgrabungen auf Kreta und die Suche nach dem Grab Alexanders in Ägypten. Doch Weihnachten 1890 starb er in Neapel an den Folgen einer chronischen Mittelohrentzündung, 58 Jahre nach dem Weihnachtsabend, der sein Leben für immer verändert hatte.

Matjesfilet mit Speckkartoffeln und Bohnen

Zutaten für 4 Personen:

4 Matjes-Doppelfilets
600 g Kartoffeln
400 g Strauchbohnen
2 Zwiebeln
50 g Butter
150 g gewürfelter Speck
1 Msp. Bohnenkraut
Speiseöl
Salz
Pfeffer

Zubereitung:

Die Kartoffeln in der Schale garen, dabei nicht zu weich werden lassen. Anschließend pellen, abkühlen lassen und in Scheiben schneiden.

Die Zwiebeln schälen und würfeln. Die Matjesfilets kurz abspülen und mit Küchenkrepp trocken tupfen.

In einer Pfanne etwas Öl erhitzen und den Speck darin bräunen. Dann die Kartoffeln hinzugeben und bei milder Hitze langsam bräunen. Gegen Ende die Zwiebeln hinzugeben und glasig werden lassen. Mit Salz und Pfeffer würzen.

Die Bohnen waschen, die Stielenden und Fädchen entfernen. In einem Topf Salzwasser zum Kochen bringen und die Bohnen mit dem Bohnenkraut darin 15 Minuten lang kochen, danach abgießen. Gut abtropfen und zurück auf den Herd stellen, salzen und pfeffern und die Butter darüber zerlassen.

Die Matjesfilets mit den Bohnen auf Tellern anrichten und die Bratkartoffeln dazu servieren.

Japan ist weiß und liegt an der Ostsee – Eindrücke aus Timmendorfer Strand

Was der deutschen Nordseeküste ihr Sylt, das ist der deutschen Ostseeküste ihr Timmendorfer Strand. Schon als Fünfjährige war ich einmal dort, und ich erinnerte mich noch gut daran, dass ich damals auf einem Pony reiten durfte. Das allein ist natürlich als Eindruck von Timmendorfer Strand ein bisschen dürftig, und so nutzte ich kürzlich die Gelegenheit, noch einmal dorthin zu fahren.

Ich weiß bis heute nicht wirklich, was ich erwartet hatte, aber bestimmt nicht das, was ich antraf. Wir hatten das Auto in einer Parallelstraße zum Strand abgestellt und uns auf den Weg gemacht, um einen Zugang zur Strandpromenade zu finden.

Ein mondänes Seebad an der Ostsee, da hoffte ich auf schicke klassizistische Bäderarchitektur und befürchtete, stattdessen Betonbettenburgen aus den Siebzigerjahren anzutreffen.

Doch es kam ganz anders. Das erste, was ich sah, entpuppte sich als ein schneeweißer Palast im japanischen Stil. Der Eingangsbereich war bewehrt wie eine mittelalterliche Burganlage. Zwischen diverse Garagen entlang der Straßenfront quetschte sich als Zugang nur eine schmale, weiß satinierte Glastür, die Festung gewährte keinerlei Einblick. Lediglich die strahlend weißen Pagodendächer ragten über den Schutzwall aus Garagen empor. Keine Frage: Hier war jemand durchgeknallt und hatte die Ostsee mit Ostasien verwechselt!

Ganz in der Nähe der Pagodenanlage führte ein Fußweg zum Strand. So ergab sich die Gelegenheit, das japanische Gebäudeensemble auch von der anderen Seite zu betrachten. Und von dieser erwies es sich als weitaus offenherziger als von der Straßenfront. Drei miteinander verbundene weiße Villen im Japan-Stil lagen hinter einem Zen-Garten mit in Form geschnittenen Ziergehölzen, Wasserbecken, Buddhastatuen und allerlei Ostasien-Schnickschnack. Die rückwärtigen Seiten der Häuser bestanden fast ausschließlich aus Glasfronten, die sich zum Meer hin öffneten. Sie gewährten Einblick in großzügige Innenräume. Scheu vor fremden Blicken schien der Besitzer nicht zu kennen, denn die Neugierigen auf der Promenade glotzten ungeniert in das Anwesen hinein. Ich tat es auch.

Innen setzte sich das asiatische Ambiente durchgängig fort. Weitere Statuen, weitere Wasserbecken, weiterer Schnickschnack. Alles war ausgesprochen stylish und überall dominierte Weiß. Daneben duldete der Hausherr nur ein wenig Schwarz und ein paar Tupfer Rot. Nun war ich doch neugierig geworden. Was hatte es mit diesen Gebäuden auf sich? Hatte die Gemeinde Timmendorfer Strand sich hier mit einem Japan-Museum in bester Strandlage geschmückt?

Das Ergebnis meiner Recherche bestätigte meine profansten Befürchtungen. Kein magisches Geheimnis von einem weißen asiatischen Märchen umrankte die Häuser, kein völkerverbindender Anlass mit kulturellem Hintergrund. Nein, nichts als schnöder Mammon. Der Geschäftsmann Jürgen Hunke aus Hamburg hat sich hier in der Lübecker Bucht eine private Villa errichtet, das ist alles. Unübersehbar hat der Mann ein Faible für alles Ostasiatische und seine Lieblingsfarbe ist weiß. Außerdem ist er lichthungrig, präsentiert sich gerne der Öffentlichkeit, und die alleroffensichtlichste Erkenntnis ist: Der Mann ist steinreich.

Beschäftigt man sich mit seinem Werdegang, so erfährt man, dass er sein Geld seit den Sechzigerjahren mit dem Verkauf von Versicherungen verdient hat. Seine Methoden waren dabei wohl nicht immer ganz koscher, ich stolperte über das Wort „Drückerkolonnen". Später hat Hunke sich für den HSV engagiert, dessen Präsident er zeitweilig war, und an dessen finanzieller Sanierung er sich maßgeblich beteiligte. Auch die Hamburger Kammerspiele rettete er als geschäftsführender Gesellschafter vor dem finanziellen Aus. Als Mitglied der „Statt Partei" kandidierte er 1997 und 2001 erfolglos für die Hamburger Bürgerschaft. Seine Partei zeigte in dieser Zeit rechtspopulistische Tendenzen, aber Hamburg hatte ja damals noch seinen Ronald Schill, den „Richter Gnadenlos".

Hunke besitzt eine gigantische Sammlung von Buddha-Statuen und mehrere Galerien mit Skulpturen und Gemälden aus Fernost. So hat er denn Timmendorfer Strand seine Huldigung an Ostasien in Form eines architektonischen Experiments beschert. Freilich teilt nicht jedermann Hunkes Begeisterung. Die exotischen Versatzstücke verwässerten den Charakter der Ostseeregion, so heißt es. Und weil die drei Villen ausdrücklich keinem bestimmten Stil unterworfen sind, sondern vielmehr eine willkürliche Mischung aus japanischen, chinesischen und Feng-Shui-Elementen zuzüglich einer großzügigen Prise Fantasie, ist auch schnell von Disney World und Barbiehaus die Rede. Oder, um es auf den Punkt zu bringen: Kitsch.

Andere Stimmen mahnen zur Mäßigung. Kann man nicht auch Gaudis Kirche Sagrada Familia in Barcelona zumindest einen gewagten und nicht gerade landestypischen architektonischen Stil vorwerfen? Gab es nicht eine riesige Aufregung um den Eiffelturm, der den Parisern zunächst überhaupt nicht gefiel? War nicht auch bei Schloss Neuschwanstein schon von Kitsch die Rede oder bei der 100 Jahre alten Zigarettenfabrik Yenidze in Dresden, die einer Moschee nachempfunden ist? Und sind nicht all diese Bauwerke heute eine Bereicherung, die niemand mehr missen möchte?

Und andererseits glänzt die Gemeinde Timmendorfer Strand nicht gerade durch ein geschlossenes architektonisches Bild. So mancher hat sich hier gebaut, was immer ihm sein Portemonnaie und das generöse Bauamt der Gemeinde erlaubten, und auch die Sechziger- und Siebzigerjahre mit ihrem Hang zum Zweckbau aus Beton haben ihre Spuren hinterlassen. Der Spleen des Jürgen Hunke hat dem stilistischen Wildwuchs am Timmendorfer Strand nur eine extreme Spitze hinzugefügt und ihm damit auf seine Art den Spiegel vorgehalten.

Weil Hunke sich nicht lumpen ließ, hat er schon 2004 eine baufällige Lesehalle an der Strandpromenade auf eigene Kosten sanieren lassen. Sie hat ein neues Reetdach bekommen, aber damit erschöpften sich Haukes Zugeständnisse an die Ostseetradition auch schon. Ansonsten rahmen sie Wassergräben, Brücken und Statuen im asiatischen Stil. Hinter den hohen japanischen Fenstern gibt es eine Kombination aus Buchhandlung und Galerie. Ich muss nicht hinzufügen, dass es dabei um ostasiatische Themen geht.

In der Gemeinde Timmendorfer Strand war man dem großzügigen Bürger durchaus zugetan. Als 2010 die alte Seeschlösschenbrücke ersetzt werden sollte, nahm man deshalb gerne seinen Vorschlag an, auf dessen Brückenkopf eine weiße Pagode im Teehaus-Stil zu setzen. Die Kosten dafür wollte Hunke in Form einer Schenkung an die Gemeinde übernehmen. Und im Inneren der Pagode würde er eine Ausstellung mit ostasiatischen Artefakten präsentieren.

Das aber war den Timmendorfern dann doch zu viel der Verneigung vor Ostasien. Teehaus ja, Galerie nein, so hieß es. Stattdessen sollte es ein ordentlicher Gastronomiebetrieb sein. Wiener Schnitzel in asiatischem Ambiente, das luftig auf Stelzen über dem Ostseewasser schwebt. Hunke winkte ab. Da ruderte die Gemeinde zurück und kündigte den Vertrag mit ihrem Mäzen. Dieser reagierte verschnupft, und man traf sich vor Gericht. Ein Bürgerentscheid klärte, ob auf der Seebrücke überhaupt ein Gebäude im Teehausstil entstehen sollte. Die Mehrheit war dafür.

Nach zähem Hin und Her fanden die Gemeinde Timmendorfer Strand und Jürgen Hunke schließlich einen Kompromiss. Natürlich wurde dieser für die Gemeinde weit teurer, als ursprünglich veranschlagt. Hunke stellte nur noch den Rohbau fertig, die Gemeinde baute den Rest und bekam dafür ihr Restaurant. Es wurde 2014 eröffnet und auf den Namen „Wolkenlos“ getauft. Wiener Schnitzel stand nicht auf der Karte, aber es gab auch kein Sushi. Der Küchenchef verschrieb sich vielmehr pazifischen Spezialitäten. Timmendorfer Strand sollte eben international bleiben. Die Gäste sahen das wohl anders, denn inzwischen gibt es Ostseefisch, aber auch Pizza, Pasta, Burger, ja, sogar Currywurst und, man höre und staune: Schnitzel!

Zum Trost für Hunke trägt die Brücke offiziell den Namen „Mikado-Brücke“, so wie er es sich gewünscht hatte. Und durch die großzügigen Fensterfronten seiner drei Japan-Villen genießt er einen unverbaubaren Blick auf die Seebrücke mit ihrem asiatischen Teehaus. Wenn dann am Abend die vielen neugierigen Passanten von der Uferpromenade verschwunden sind, kann er es sich mit einem Gläschen Reiswein auf seinem Futon gemütlich machen. Und sich dabei ganz ungestört in einer fernen asiatischen Traumwelt wähnen.

Timmendorfer Pflaumenkuchen

Zutaten:

1200 g Mehl
1500 g Pflaumen
400 g Butter (zimmerwarm)
500 g Zucker
5 Eier
300 ml Milch
200 g Marzipanrohmasse
1 Vanilleschote
1 Würfel Hefe
Salz

Zubereitung:

Die Hälfte des Mehls mit 50 g Zucker und einer Prise Salz in eine Schüssel geben. Die Hefe mit weiteren 50 g Zucker in einer Tasse mit einer Gabel verkneten, bis die Hefe flüssig ist. Mit der Milch und 1 Ei zum Mehl geben und einen geschmeidigen Teig kneten. Mit einem Küchentuch abgedeckt an einem warmen Ort 30 Minuten gehen lassen.

Nun 400 g des Mehls mit 200 g Zucker mischen, die Vanilleschote aufschneiden, auskratzen und hinzugeben. Die Mischung mit 200 g Butter zu Streuseln verarbeiten. Das Marzipan mit dem Rest von Zucker, Eiern, Mehl und Butter mit dem Mixer schaumig rühren. Die Pflaumen waschen und entsteinen.

Ein Backblech mit hohem Rand mit Backpapier auslegen. Den Hefeteig noch einmal durchkneten, auf die Größe des Backblechs ausrollen und darauflegen. Gleichmäßig mit einer Gabel einstechen und die Marizpanmasse darauf verstreichen. Dicht mit den Pflaumen belegen. Die Pflaumen sollen eher stehen als liegen. Zum Schluss die Streusel über den Pflaumen verteilen. Den Kuchen abgedeckt 10 Minuten lang ruhen lassen. Den Backofen auf 200°C vorheizen und den Kuchen ca. 40 Minuten backen, bis der Streusel goldgelb ist.

Gärtner mit Biss – die Geltinger Birk und ihre Wildpferde

Ruhig mäandert ein Wasserlauf durch eine grüne Auenlandschaft. Malerisch strecken sich die Flügel einer alten Windmühle in den blauen Himmel. Am Wegrand steht ein dürrer Baum. Die ständige Brise hat seine Zweige in nordöstliche Richtung gebogen, und so erscheint er wie eine baumgewordene Manifestation des Windes. Als wolle dieser mir die Geschichte von seinem Erfolg ins Ohr raunen, säuselt ein leichtes Lüftchen um mich herum. Eine Graugans schreit, und ein Feldhase verschwindet rasch zwischen duftenden Heckenrosen, als ich mich nähere. Ich habe ein kleines Stück vom Paradies entdeckt, die Geltinger Birk. Schon seit 1934 steht diese Landschaft an der nordöstlichen Landspitze der Halbinsel Angeln unter Naturschutz. Auf verschiedenen Pfaden können Wanderer die Küstenwelt erkunden, und so habe auch ich mich auf den Weg zur Landspitze gemacht, die an zwei Seiten von der Ostsee umspült ist.

Die alte Windmühle heißt „Charlotte" und ist das Wahrzeichen der Geltinger Birk. Sie ist ein Relikt aus der Zeit, als die Menschen diese Landschaft erschaffen haben. Denn ursprünglich war die Birk eine Ostseebucht. Im 19. Jahrhundert hat man sie zur Landgewinnung eingedeicht und mithilfe von zwei Holländermühlen entwässert, von denen nur Charlotte die Zeit überdauert hat. Seit den Siebzigerjahren des letzten

Jahrhunderts sorgt ein Pumpwerk für die Entwässerung, sodass der Wasserstand in der Birk bis auf 3,20 Meter unter das Niveau des Meeresspiegels abgesunken ist. Allerdings wird die Landschaft heute wieder behutsam verändert. Man führt Meerwasser ein und will so den Wasserspiegel allmählich um rund zwei Meter anheben, um Lagunen und Salzwiesen entstehen zu lassen.

Auf diese Weise sollen noch mehr Arten ein Refugium finden. Heute sind es schon knappe 400 verschiedene Pflanzen, darunter echte Raritäten wie Meerkohl, Sonnentau und Stranddistel. Dazu kommt eine üppige Vogelwelt, heimisch sind zum Beispiel Goldammer, Kuckuck, Kormoran und Seeadler. Weil sie hier niemand stört, ist die Birk auch eine Hochburg der Zugvögel, die den hiesigen mit allerhand Insekten, Fröschen und kleinen Reptilien reich gedeckten Tisch auf ihren weiten Reisen gerne als Rastplatz nutzen. Übers Jahr hindurch lassen sich zirka 200 Vogelarten bestaunen, deshalb ist die Birk ein Eldorado für Ornithologen.

Mich persönlich haben aber andere Bewohner auf die Halbinsel gelockt. Die Geltinger Birk ist nämlich eine der ganz wenigen Regionen Deutschlands, in denen es echte Wildpferde gibt. Gut, zugegebenermaßen ist die Tradition der Birk-Pferde bei weitem nicht so ehrwürdig wie die der Dülmener Wildpferde. Letztere leben im Merfelder Bruch und wurden erstmals 1316 in einem Dokument erwähnt, woraus sich schließen lässt, dass es sie damals schon seit langer Zeit dort gab. Deshalb kann man davon ausgehen, dass sie die letzten echten deutschen Wildpferde sind.

Die Wildpferde von der Geltinger Birk leben hier erst seit 2002. Damals hat man elf Tiere angesiedelt, es handelt sich um polnische Koniks. In ihrer Heimat haben diese robusten Ponys bis ins 19. Jahrhundert hinein in Freiheit gelebt, dennoch weiß man nicht, ob es sich ursprünglich um echte Wildpferde oder um verwilderte Hauspferde handelt. Es sind stämmige Falben mit dunklem Aalstrich, genügsam, freundlich und langlebig. Aber man hat ihnen die Geltinger Birk nicht nur als neuen Weidegrund gegeben, um ihnen ein angenehmes Leben als Wildpferde zu bieten. Sie haben vielmehr einen Job zu erledigen.

Die Schneidezähne der Pferde ermöglichen es ihnen, Pflanzen extrem kurz abzugrasen. Und weil Pferde Gourmets sind, fressen sie bei Weitem nicht alles. Sie haben ihre Lieblingsspeisen, und diese suchen sie sehr gezielt aus. Am meisten mögen sie Gräser. Wo Pferde eine Landschaft beweiden, haben Gräser deshalb keine Chance, hoch zu werden und alles zuzuwuchern. Deshalb setzt man in immer mehr Naturschutzgebieten gezielt Pferde als Landschaftspfleger ein.

Will man aber erreichen, dass die Landschaft offen bleibt und nicht allmählich von Gehölzen überwuchert wird, brauchen die Pferde noch ein paar tüchtige Mitarbeiter. Rinder sind zwar auch Grasfresser, aber längst nicht so wählerisch wie Pferde. Sie mampfen alles, was ihnen vors Maul kommt, auch Kräuter, Blätter und junge Zweige. Deshalb gesellt man zu den gärtnernden Pferden noch ein paar Rindviecher. Weil sie für ein Leben im Freien gezüchtet und entsprechend wetterfest sind, hat man in die Geltinger Birk schottische Hochlandrinder gebracht, um deren Wohl sich ein Landwirt regelmäßig kümmert. So weideten nun zeitweise bis zu 200 Exemplare dieser zottigen Tiere mit ihren markant geschwungenen Hörnern auf der Birk. Seit 2013 werden allerdings, bedingt durch einen Pächterwechsel, vermehrt Galloways eingesetzt.

Aus den elf Koniks sind inzwischen mehr als 80 geworden. Sie scheinen sich auf der Landspitze ausgesprochen wohlzufühlen, so wohl, dass man auch schon Tiere in andere Regionen abgegeben hat, um einer Überweidung entgegenzuwirken.

Hinter den offenen Weideflächen der Rinder und Pferde liegt der „Gespensterwald“. Aus seinem Bodengestrüpp wachsen bis zu 400 Jahre alte Buchen und Eichen hervor. Dieser Wald verdankt seine Besonderheit zwei Einflüssen. Da waren zunächst die Menschen, die hier in früheren Zeiten ihr Feuerholz geholt haben. Dazu haben sie die Bäume immer wieder so weit abgeschnitten, dass die Stämme gerade noch genug Kraft hatten, um wieder neu auszutreiben. Dann hat der Wind die Gestaltung der jungen und biegsamen Zweige übernommen, er hat die Äste gewunden, gedreht und miteinander verschlungen und so im Laufe der Jahrhunderte cin bizarres Gesamtkunstwerk erschaffen.

An der Spitze des Naturschutzgebiets erreicht man den Geltinger Nack. Hier schweift der Blick über die ganze Weite der Flensburger Förde bis hinüber nach Dänemark. Im Norden erspähe ich die Insel Alsen mit der Stadt Sønderborg. Dazwischen herrscht reger Schiffsverkehr, denn alle, die in die Förde einfahren oder sie verlassen wollen, kommen hier vorbei.

Etwa zehn Kilometer lang ist der Weg um das Refugium, das von hübschen kleinen Ortschaften eingerahmt ist. Mein Spaziergang hat mich entlang eines herrlichen weißen Sandstrandes und des leuchtend türkisfarbenen Wassers der Ostsee bis ins idyllische Dorf Falshöft geführt. Südlich davon ragt ein markanter rotweißer Leuchtturm empor. Ich gehe hinüber, weil ich ihn mir näher ansehen möchte, doch er ist verschlossen. Ein Hinweisschild teilt mir mit, dass ich ihn nach telefonischer Voranmeldung gerne besichtigen kann. Und wer möchte, kann hier sogar heiraten. Ich denke, ich sollte Beate doch noch einmal anrufen.

Mädchenröte – ein Dessert von der Halbinsel Angeln

Zutaten für 4 Personen:

600 ml roter Johannisbeersaft
500 g Zucker
500 ml Milch
6 Eier
1 Vanilleschote
1 Pck. Rote Blattgelatine (12 Stück)
Salz

Zubereitung:

Die Gelatine 5 Minuten lang in kaltem Wasser einweichen. Die Eier in Eiweiße und Eigelbe trennen, die Eigelbe abgedeckt in den Kühlschrank stellen. Die Eiweiße und 1 Prise Salz in einer großen, zuvor gekühlten Schüssel mit dem Handrührgerät schlagen, dabei nach und nach 400 g des Zuckers und 500 ml des Safts hinzugießen. Das muss ganz langsam geschehen, am Ende soll eine lockere Masse aus feinem Schaum entstanden sein.

Die Gelatine sehr gut ausdrücken und zusammen mit dem restlichen Saft in einen kleinen Topf geben. Langsam erhitzen, bis die Gelatine aufgelöst ist. Anschließend unter ständigem Rühren mit dem Handrührgerät tropfenweise zu der Eischaummasse geben. Danach sofort ins Eisfach und nach 30 Minuten in den Kühlschrank stellen. Dort über Nacht steif werden lassen.

Rechtzeitig vor dem Servieren noch eine Vanillesauce herstellen: Die Eigelbe zusammen mit den restlichen 100 g Zucker schaumig rühren. Die Milch in einen Topf füllen. Die Vanilleschote längs aufschneiden, das Mark herauskratzen und zusammen mit der Schote in die Milch geben. Aufkochen lassen, dann langsam unter Rühren in die Ei-Zucker-Masse träufeln. Danach alles in einen Topf füllen und bei sehr milder Hitze unter ständigem Rühren erwärmen, bis eine leicht angedickte Sauce entstanden ist. Die ausgekratzte Vanilleschote entfernen und die Sauce abkühlen lassen.

Zusammen mit der Mädchenröte servieren.

Nasses Grab und leuchtende Geister – versunken in Eckernförde

Was für ein Ärger! Von dem gestern noch so stolz wirkenden Traditionssegler lugen nur noch die beiden Masten, der Bugspriet und der obere Teil der Backbordreling hervor. Schief und traurig ragen sie aus dem Wasser des Innenhafens von Eckernförde, das Schiff namens Ninive ist über Nacht in ein nasses Grab gesunken. Wie Geister aus der Unterwelt umkreisen ein paar Quallen den havarierten Segler, so als wollten sie ihn abholen und auf seinem Weg ins Jenseits eskortieren. Es sind lumineszierende Rippenquallen, und ihr geheimnisvolles Leuchten lässt sie noch unheimlicher wirken. Sie geben dem Anblick etwas Gespenstisches, und die vom Wasser verzerrten Umrisse des gesunkenen Schiffs erinnern an eine Szene aus einem Gruselfilm. Was ist geschehen?

Der Segler Ninive hat schon seit Jahren an dieser Stelle im Innenhafen von Eckernförde gelegen. Manche Einheimische, die öfter hier vorbeikommen, wissen zu berichten, dass der Segler stark sanierungsbedürftig gewesen sei. Im gut geschützten Innenhafen liegen die Fischerboote und die Traditionssegler an der Kaimauer. Eckernförde hat außerdem noch einen Yachthafen für Motoryachten, einen weiteren für Segelyachten sowie einen Tiefseehafen der Deutschen Marine. Hier befinden sich das U-Boot-Ausbildungszentrum und der Stützpunkt des 1. U-Boot-Geschwaders. Sämtliche deutschen Marine-U-Boote liegen in Eckernförde. Aber die U-Boote lässt man absichtlich sinken, ein Segelschiff hingegen wohl kaum.

Schnell hat die Hafenverwaltung reagiert und mithilfe von Fischern eine Ölsperre um das Schiff gelegt. Denn schon ist ein dünner Ölfilm aus dem Hilfsmotor ausgelaufen, nun gilt es, Schlimmeres zu verhindern. Außerdem müssen die Besitzer ausfindig gemacht werden. Die Ninive, so findet die Presse schnell heraus, wurde in den Achtzigerjahren des letzten Jahrhunderts in der Nähe von Bad Segeberg gebaut. Es war ein auf vier Jahre angelegtes Projekt, in dem das Schiff unter Leitung eines Lübecker Bootsbauers in traditioneller Herstellungsweise entstand. Dazu wurde es komplett aus Eichenholz gefertigt, die Nägel für die Beplankung schmiedeten die Schiffsbauer extra von Hand. Die Ninive sollte so authentisch wie möglich sein. Alle nötige Arbeit leisteten Freigänger aus der Justizvollzugsanstalt Neumünster sowie Arbeitslose, denn die Erschaffung des Traditionsseglers war als Resozialisierungsmaßnahme gedacht.

Das fertige Schiff diente einem Verein, der Jugendgruppen damit auf See hinausbrachte. Dort machten die Kids ihre Erfahrungen mit dem Segeln und insbesondere auch mit der sozialen Gruppendynamik. Über die Jahre haben die Verantwortlichen dabei allerdings die ordnungsgemäße Instandhaltung des Schiffs zu sehr vernachlässigt und seinen zunehmend desolaten Zustand übersehen. Es fehlte wohl auch an den nötigen Mitteln. Irgendwann traute sich niemand mehr mit dem maroden Kahn aufs Meer hinaus, und so kam es, dass die Ninive seit vier Jahren fest vertäut in Eckernförde lag. 2014 wurde sie verkauft, sollte vom neuen Eigentümer nach Hamburg gebracht und restauriert werden, um später wieder für Jugendfahrten zu dienen. Doch dazu ist es jetzt offensichtlich zu spät.

Die neuen Eigner sind nicht zu erreichen. Die alten winken ab. Sie sind nicht mehr zuständig, sagen sie. Schließlich war das Schiff schon im Oktober verkauft worden, und jetzt haben wir Januar. Dummerweise ist der Verein aber noch immer im Kieler Schiffsregister als Eigentümer eingetragen. Fehlende Unterlagen haben die Umschreibung bisher verzögert. Die Aufregung in Eckernförde wächst. Wer wird für die Bergungskosten des 25 Meter langen und 70 Tonnen schweren Havaristen aufkommen? Solange diese Frage nicht geklärt ist, bleibt der Zweimaster auf Grund.

Es dauert eine ganze Woche, bis endlich etwas passiert. Die neuen und alten Eigentümer haben sich zwar immer noch nicht geeinigt, wem die Ninive nun eigentlich gehört, aber die Hafenbehörde will das Problem trotzdem aus der Welt schaffen. Die Helfer des THW nutzen das durch ablandige Winde bedingte Niedrigwasser, führen zahlreiche Schläuche und Pumpen ins Innere der Ninive, und ganz langsam hebt sich der Kahn aus drei Metern Tiefe zurück an die Wasseroberfläche. Offene Ventile oder Lecks kommen bei der anschließenden Untersuchung nicht zum Vorschein. Vermutlich haben sich Risse zwischen den Planken gebildet und zum Sinken des Boots geführt. Unter Wasser haben die Planken sich dann vollgesaugt und wieder geschlossen. Nun schwimmt die Ninive vorerst wieder.

Doch das Glück währt nicht allzu lange. Es gelingt erstaunlicherweise nachhaltig nicht, die Eigentumsverhältnisse zu klären. Die Stadt bleibt deshalb auf dem maroden Kahn sitzen. Weil eine Instandsetzung zu kostspielig ist, wird nach fast drei Jahren entschieden, die Ninive endgültig abzuwracken. Auch das ist kein Pappenstiel, denn das mit Spezialanstrichen behandelte Holz muss als Sondermüll entsorgt werden. Lediglich das Altmetall lässt sich noch gewinnbringend verkaufen.

Am Ende ist das Stadtsäckel trotzdem um rund 10.000 Euro leichter und die Ninive ein für alle Mal Geschichte.

Die glasigen Rippenquallen kreisen noch immer im Hafen, so als suchten sie das Schiff, das sie ins Jenseits geleiten wollten. Sie haben hier eigentlich nichts verloren. 2006 hat man sie erstmals in der Ostsee ausgemacht. Die glibberigen Tiere stammen eigentlich aus Nordamerika und sind wohl im Ballastwasser von Frachtschiffen nach Europa mitgebracht worden. Die Hoffnung, dass sie die winterliche Kälte nicht überstehen würden, hat sich schnell zerschlagen. Die oft so milden Winter lassen die Rippenquallen mitunter noch im Januar herumschwimmen, teilweise schlüpfen sogar schon die Jungtiere. Also gesellen sie sich nun wohl dauerhaft zu den Feuer-, Kompass- und Ohrenquallen, die in den Sommermonaten manchmal massenweise in der Ostsee auftauchen. Das macht sie zum Albtraum aller Badenden. Denn wer will schon beim Schwimmen unvermittelt in eine schwabbelige Masse greifen oder – schlimmer noch – sich in den bis zu zehn Meter langen Tentakeln der Feuerquallen mit ihren unangenehmen Nesselzellen verheddern?

Da bleibt man im Zweifel lieber auf dem Trockenen. Zum Beispiel an Deck eines Traditionsseglers. Falls der nicht unvermittelt untergeht...

Scharfe Kieler Sprotten vom Grill

Zutaten für 4 Personen:

600 g Kieler Sprotten
4 getrocknete Chilischoten (nach Geschmack auch mehr)
150 ml Olivenöl
Salz
Pfeffer

Zubereitung:

Die Chilischoten mit dem Mörser zerkleinern oder zwischen den Fingern gut zerbröseln. Dann in das Olivenöl rühren und mit Salz und Pfeffer würzen. Die Sprotten ringsum gut mit dem Chiliöl einpinseln. Den Holzkohlegrill vorbereiten und gut heiß werden lassen. Dann die Sprotten auf den Grillrost legen und von jeder Seite 2 Minuten lang grillen.

Dazu Salat und Baguette reichen.

In Eckernförde heißt es, die Kieler Sprotte sei dort erfunden worden. Als der Räucherfisch am Bahnhof zum Versand nach Kiel fertiggemacht wurde, erhielten die Kisten einen Stempel mit der Aufschrift „Kiel", und so habe sich der falsche Name für die Fischspezialität eingebürgert. Allerdings existiert eine Erwähnung der Kieler Sprotten schon in einem Buch von 1809, als es die Eisenbahn noch gar nicht gab. Die hübsche Theorie lässt sich also wohl nicht halten. Tatsächlich werden echte Kieler Sprotten aber schon lange auch in Eckernförde hergestellt. Hier befindet sich heute einer der letzten Hersteller, der noch nach althergebrachten Methoden arbeitet.

Man sagt: „In Eckernförde haben sie es raus, aus Silber Gold zu machen." Das bezieht sich auf die Fischräucherei, die hier eine lange Tradition hat. Vormals silberne Fische erhalten durch den Räuchervorgang nämlich eine goldene Farbe.

Als Wallenstein auf der Gorch Fock nach Irland fuhr – ein Besuch in Stralsund

Heute bin ich nach Stralsund gefahren. Ich habe nämlich gehört, dass die historische Altstadt der früheren Hansestadt ganz besonders schön sein soll. Hier gibt es noch eine Vielzahl von Bürgerhäusern und repräsentativen Prachtbauten aus der Hansezeit. Zwar hat auch Stralsund im Zweiten Weltkrieg einen schweren Bombenangriff erlitten, trotzdem haben viele Gebäude diese Zeit überdauert. Weit mehr haben die ehrwürdigen Bauwerke während des DDR-Regimes gelitten. Denn diesem passten die alten Gemäuer nicht in den Kram, man ließen sie verkommen und bürdete der Stadt stattdessen riesige Plattenbausiedlungen auf. Die galten als modern und zeitgemäß, außerdem musste schnell günstiger Wohnraum geschaffen werden. Heute plagt man sich damit herum, die Altlasten wieder loszuwerden oder zumindest etwas attraktiver zu gestalten.

Nach der Wende nahm man sich endlich des historischen Kerns an und unterzog ihn einer aufwendigen Sanierung. Gemeinsam mit der historischen Altstadt von Wismar wurde Stralsund 2002 von der UNESCO in die Liste des Welterbes aufgenommen. Mehr als 800 Häuser stehen auf der Liste der Baudenkmale von Stralsund, davon befinden sich ungefähr 500 Einzeldenkmale in der Altstadt.

Ich scheine keinen guten Tag für meinen Ausflug erwischt zu haben. Stralsund wimmelt an diesem Juliwochenende von Menschen, einen Parkplatz zu erhaschen ist fast ein Ding der Unmöglichkeit. Wollen die etwa alle die Altstadt besichtigen?

Im Gedränge in den Gassen treffe ich auf einen Festumzug. Die Teilnehmer sehen aus, als seien sie einem Historienschinken über die Zeit des Barocks entsprungen, und sie marschieren zum Alten Markt, der von hübsch herausgeputzten Bürgerhäusern und der prächtigen gotischen Schaufassade des Rathauses gerahmt ist. Das Bild kommt mir bekannt vor: Hier hat Angela Merkel 2006 zusammen mit George W. Bush posiert, als dieser Vorpommern besuchte. Er begrüßte sie mit demonstrativen Wangenküsschen, und sie schenkte ihm ein Fass Heringe, das er strahlend in die Höhe hielt. Die Stimmung war eigentlich im Vorfeld ziemlich verhagelt, denn den Deutschen missfiel Bushs Irakpolitik. Auf dem Platz wurde deshalb nur handverlesenes Publikum zugelassen, die Anwohner standen unter Hausarrest. Trotzdem meldeten sich ein paar Unzufriedene und ließen frech ihre regenbogenfarbenen „Pace"-Flaggen aus den Fenstern hängen.

Die Bilder dieser hochrangigen Begegnung haben sich eingeprägt, aber heute bevölkern ganz andere Leute den Platz. Hier herrscht ein historisches Markttreiben, es ist ein Markt aus der Zeit des Dreißigjährigen Krieges aufgebaut, und auch ein paar mittelalterliche Stände haben sich dazwischengeschummelt. Stralsund feiert die „Wallensteintage", so erklärt mir eine Marktfrau bereitwillig, die fleißig Brote an die Passanten verkauft. „Irisches Steinofenbrot" steht auf einem Holzbrett an ihrem Stand, ich verkneife mir die Frage, was Wallenstein mit Irland zu tun hat.

Tatsächlich hat Wallenstein die Stadt Stralsund 1628 von seinen Truppen belagern lassen. Er wollte, dass die Stadt sich

Kaiser Ferdinand II. unterwarf, die Stralsunder aber schlossen einen Pakt mit den Schweden. Wallenstein zog schließlich ab, doch dem folgte eine fast 200-jährige Herrschaft des Königreichs Schweden über Stralsund. Trotzdem feiern die Stralsunder bis heute den Sieg über Wallenstein mit einem großen Volksfest.

Als ich den Trubel leid geworden bin, entschließe ich mich, zum Hafen zu bummeln. Vielleicht ist es dort ein wenig ruhiger. Am Stadthafen legen die Fähren hinüber nach Rügen ab, außerdem kann man eine Hafenrundfahrt machen. An der Pier hat ein Flusskreuzfahrtschiff festgemacht, ich erfahre, dass ich von hier aus ins polnische Stettin und weiter über Oder und Havel bis nach Berlin fahren kann.

Ein Stück weiter liegt ein weißer Dreimaster. Neugierig gehe ich näher heran. „Gorch Fock“ steht an dem Segelschiff. Moment mal! Die Gorch Fock lag doch bis zum Beginn der Renovierung in Kiel! Wäre sie inzwischen wieder seetauglich, könnte sie natürlich eine Fahrt nach Stralsund unternommen haben, aber das Schiff, das ich damals in Kiel besucht habe, sah ganz anders aus. „Museum“, steht auf einem Schild, darunter die Öffnungszeiten und moderate Eintrittspreise. Ein freundlicher Herr nimmt das Geld entgegen, und ich nutze die Gelegenheit, ihn nach der Bewandtnis des Schiffes zu fragen.

So erfahre ich, dass dieser Segler 1933 in Hamburg als Schulschiff der Reichsmarine gebaut wurde. Nach dem Pseudonym eines Schriftstellers, der mit Seemannsromanen, Gedichten und Erzählungen um die vorletzte Jahrhundertwende herum sehr populär war und der als Marineinfanterist im Ersten Weltkriegs ums Leben kam, wurde das Schiff auf den Namen „Gorch Fock“ getauft. Als Heimathafen fungierte ab 1935 Stralsund. 1951 ging die Gorch Fock als Reparationsleistung für Weltkriegschäden an die Sowjetunion und wurde auf den Namen „Towarischtsch“ umgetauft, das heißt „Genosse“. In Westdeutschland beschloss man den Bau einer neuen Gorch Fock.

Nachdem die Sowjetunion zerbrochen war, gehörte das Schiff 1991 der Ukraine. Es war inzwischen stark sanierungsbedürftig, aber den neuen Eignern fehlte es an Geld. Deshalb wurde sie 1995 an eine Sponsorengruppe nach Großbritannien überstellt, doch die hatte sich mit dem Unterfangen übernommen. 1999 kam das Schiff in erbärmlichem Zustand nach Wilhelmshaven und schließlich 2003 zurück nach Stralsund, in seine neue und alte Heimat. Hier hatte sich ein Verein gegründet, der die Towarischtsch der Ukraine abkaufte, ihr den alten Namen zurückgab und diesem zwecks besserer Unterscheidung von ihrem Kieler Schwesterschiff noch eine römische Eins hinzufügte. Mit großem Aufwand wird die Gorch Fock seit dieser Zeit renoviert, alle Eintrittsgelder kommen dem Projekt zugute. Dennoch ist die Gorch Fock I noch immer nicht wieder voll seetüchtig. Der gemeinnützige Verein „Tall-Ship Friends“ setzt alles daran, diesen Zustand zu ändern. Weil die finanziellen Möglichkeiten des Vereins aber von den schwankenden Besucherzahlen abhängig sind, denkt die Stadt Stralsund darüber nach, das Schiff zu kaufen, um dessen Standort im hiesigen Hafen dauerhaft sicherzustellen. Inzwischen wurde sogar eine Fahrtgenehmigung in Aussicht gestellt. Wer weiß, vielleicht kann man die Gorch Fock I schon bald wieder unter vollen Segeln sehen.

Während seiner Erzählung leuchten die Augen des freundlichen Herrn. Ich spüre, dass der Erhalt der Bark für ihn eine Herzensangelegenheit ist. Deshalb nehme ich die Broschüre mit dem Spendenaufruf, die er mir in die Hand drückt, gerne mit.

„Ach, noch etwas“, sagt er, als ich mich gerade zur Besichtigung des Schiffs aufmachen will. „Man kann auch Räumlichkeiten auf unserem Schiff für Veranstaltungen mieten, für Jubiläen, Weihnachtsfeiern, Kindergeburtstage, Firmenevents, Klassentreffen, was auch immer! Und außerdem kann man auf der Gorch Fock I standesamtlich heiraten. Ganz stilvoll im Kapitänssalon, mit Blumen- und Flaggenschmuck. Bis zu 250 Gäste können danach im Divisionsraum feiern, wir organisieren auch Verpflegung und Getränke. Falls sie ein heiratswilliges Paar kennen, dann empfehlen Sie uns doch weiter!“

Etwas verwirrt verspreche ich, das zu tun. Wer hätte gedacht, dass es an der Ostseeküste so viele originelle Hochzeit-Locations gibt? Was Beate wohl dazu sagen wird?

Stralsunder Schmorgurkengemüse

Zutaten für 4 Personen:

3 Salatgurken
60 g Butter
2 El Zucker
150 ml Gemüsebrühe
50 g Mehl
Salz
Pfeffer

Zubereitung:

Die Gurken schälen, die Stielenden entfernen, die Gurken dann längs halbieren und mit einem Esslöffel entkernen. Anschließend in nicht zu dünne Scheiben schneiden. Die Butter in einer Pfanne zerlassen, den Zucker hinzugeben und karamellisieren lassen. Dann die Gurken hineingeben und bei großer Hitze anbraten. Mit 100 ml der Gemüsebrühe ablöschen, die Hitze reduzieren und die Pfanne mit dem Deckel verschließen. 10 Minuten lang schmoren lassen. Das Mehl mit der restlichen Gemüsebrühe gut verquirlen und den Gurkensud damit binden. Noch einmal kurz aufkochen, mit Salz und Pfeffer abschmecken und als Beilagengemüse reichen.

An diese Stelle hätte eigentlich ein Bismarckhering-Rezept gehört, aber ich finde, dass ich Ihnen schon genug Heringe serviert habe. Es heißt aber, dass es ein Fischhändler aus Stralsund war, der ein Fässchen seiner sauer eingelegten Heringe 1871 an den Reichskanzler schickte. Dieser war so begeistert, dass er dem Fischhändler das Privileg erteilte, seine Heringe fortan als „Bismarckheringe“ zu bezeichnen. Bismarck soll gesagt haben: „Wenn Hering genauso teuer wäre wie Kaviar, würden ihn die Leute weitaus mehr schätzen.“

Mag sein. Die Anekdote aus Stralsund wird in Flensburg bestritten, dort beansprucht man die Geschichte um die Bismarck'sche Erlaubnis für sich selbst. Vermutlich haben beide Schilderungen unrecht, denn seinerzeit galt es einfach als schick, alles Mögliche nach Bismarck zu benennen. Es ist mir übrigens nichts darüber bekannt geworden, dass die Spezialität nach dem Stralsund-Besuch des amerikanischen Präsidenten im Jahr 2006 in „Bush-Heringe" umbenannt werden sollte.

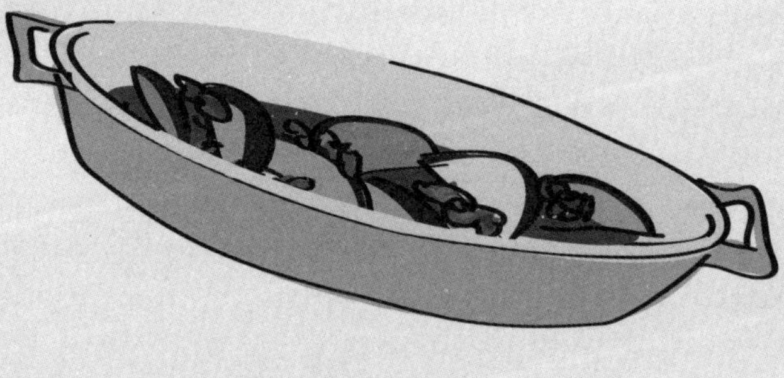

Licht und Schatten – die dunkle Seite der Ostseeregion

„Wenn du über die Ostsee schreibst, dann musst du unbedingt auch über das Marine-Ehrenmal von Laboe schreiben", sagte mein Mann, als wir uns über die übrigen Themen unterhielten. Das Buchprojekt war zu diesem Zeitpunkt schon weit fortgeschritten. Ich stöhnte. „Muss das sein?", fragte ich. Schon wieder Krieg und Tote, sinnloses Elend und dunkle Verzweiflung. War ich all dem auf meinem Streifzug entlang der deutschen Ostseeküste nicht schon oft genug begegnet?

Ich fragte meine Freundin Gunhild um Rat. „Laboe?", entgegnete sie. „Ich bin vor längerer Zeit dort gewesen. Heute erinnere ich mich in erster Linie daran, dass ich das gruselig fand und froh war, wieder nach draußen an die Sonne zu kommen. Da ist dieses beklemmende Gefühl, wenn einem klar wird, wie viele Menschen in einem absolut sinnlosen Krieg gefallen sind. Wie viele junge Männer um ihre Jugend betrogen wurden, wie vielen Kindern die Väter, wie vielen Eltern die Söhne genommen wurden."

„Siehst du", bestätigte ich, „genau das meine ich. Die Ostsee ist zwar wunderschön, wenn man sich aber mit der deutschen Geschichte auseinandersetzt, die mit ihr verbunden ist, dann begegnet man düsteren Themen auf Schritt und Tritt. Seien es die Nazis oder seien es das DDR-Regime und die Stasi, seien es die großen Kriege des letzten Jahrhunderts oder seien es die schweren Ausschreitungen rechtsradikaler Randalierer in Rostock 1992."

Vier Tage lang hatten die gewalttätigen Übergriffe mehrerer 100 Neonazis damals gedauert. Sie richteten sich gegen ein Wohnheim vietnamesischer Vertragsarbeiter und die Aufnahmestelle für Asylbewerber im Stadtviertel Lichtenhagen, das in den Siebzigerjahren als Plattenbausiedlung angelegt und von der DDR als „Musterbeispiel für gelungenen Städtebau" gefeiert worden war. In fast 7.000 auf kastenförmige Großplattenbauten und drei Hochhäuser verteilten Wohnungen werden hier bis zu 20.000 Menschen zusammengepfercht. Kein Wunder, dass sich unter diesen Bedingungen eine prekäre Entwicklung einstellte.

Während 100 Vietnamesen und ein ZDF-Fernsehteam in einem Wohnheim festsaßen, das schließlich von den Randalierern mit Molotowcocktails in Brand gesetzt wurde, zog sich die Polizei teilweise komplett zurück. Und schlimmer noch, an die 3.000 Zuschauer standen ringsherum und applaudierten. Die Ausschreitungen von Rostock geschahen auf dem Höhepunkt der Asyldebatte der Neunzigerjahre.

Bei der Erinnerung daran erschauderte ich, besonders im Hinblick auf die aktuelle Asyldebatte und den Hass, der von Rechtspopulisten und von Internettrollen gesät wird. Ich hatte gerade vorher ein Buch über die deutsche Nordseeküste geschrieben, und trotz mörderischer Sturmfluten war mir diese Region insgesamt viel freundlicher und unbeschwerter erschienen.

„Ich weiß", sagte Gunhild. „Die Ostseeregion war immer ein umkämpftes Gebiet, und in der zweiten Hälfte des letzten Jahrhunderts hat der Ost-West-Konflikt verbunden mit der deutschen Teilung die Situation für die Menschen dort nicht besser gemacht. Aber wird nicht gerade dadurch dieses Thema so interessant?“ Seufzend pflichtete ich ihr bei und wandte mich dann doch dem Ehrenmal von Laboe zu.

Wie eine riesige Raketenabschussrampe aus Backstein, zugleich ehrfurchtgebietend und abweisend, hebt sich der an einer Seite konkav geschwungene Turm an der Kieler Förde knappe 70 Meter in die Höhe. Mein Mann sieht darin allerdings eher einen U-Boot-Turm, andere meinen, ein stilisiertes Segel zu erkennen. Der Architekt dachte freilich noch an etwas ganz anderes. Er hat sich beim Entwurf des Ehrenmals eine zum Himmel emporsteigende Flamme vorgestellt. Man hat den Turm in den Zwanzigerjahren errichtet, um den Angehörigen der Opfer der Kaiserlichen Marine einen Ort zum Trauern zu geben. Denn genau 34.836 Marinesoldaten waren im Ersten Weltkrieg „auf See geblieben“, wie man so schön harmlos die Tatsache umschreibt, dass die vielen Männer jämmerlich verreckt und unter Qualen gestorben sind oder einen grauenhaften Tod durch Ertrinken erlitten haben.

Fertig wurde der Turm erst 1936, denn die Wirtschaftskrise hatte den Bau beeinträchtigt, und aus Geldmangel musste er immer wieder ausgesetzt werden. Doch dann war es endlich so weit, am 30. Mai 1936 wurde er von Adolf Hitler feierlich eingeweiht. Wer weiß, vielleicht hat er dabei insgeheim daran gedacht, dass sich der Bau schon deshalb gelohnt hatte, weil zu den 34.836 toten Marinesoldaten des Ersten Weltkrieges bald noch weitere hinzukommen würden? Es waren exakt 63.686 deutsche Marinesoldaten, die allesamt Opfer des von ihm angestrebten Zweiten Weltkriegs wurden.

Nach dem Zweiten Weltkrieg erfuhr das Mahnmal im Sinne der Versöhnung mit den ehemaligen Gegnern eine Umwidmung, bei der das Gedenken an alle gefallenen Marinesoldaten der Weltkriege ausdrücklich eingeschlossen wurde. Und seit 1996 werden sämtliche Menschen einbezogen, die auf

See gestorben sind. Vielleicht wäre es dem Mahnmal mit seiner finsteren expressionistischen Ästhetik gerechter geworden, es als eindringliches Anti-Kriegs-Denkmal bestehen zu lassen. Denn es weckt wirklich bedrückende Gefühle. Trotzdem zieht es laufend große Besucherströme an. Das mag natürlich daran liegen, dass gleich nebenan das Museums-U-Boot U995 liegt.

Es ist ein deutsches U-Boot der Klasse VII C/41, das knapp 65 Meter lang ist und Platz für elf Torpedos und 46 Seeleute bietet. 1943 wurde es in Betrieb genommen und versenkte bei neun Einsätzen sechs gegnerische Schiffe. Insgesamt wurden zehn U-Boote dieses Typs gebaut, nur dieses eine hat die Kriegszeit überstanden. Alle anderen wurden versenkt.

Seit 1972 liegt U995 als Museumsschiff in Laboe. Man kann hineingehen und versuchen, sich vorzustellen, wie es sich angefühlt haben mag, mit dieser überdimensionierten Blechdose auf Tauchgang zu gehen, während ringsum die feindlichen Geschosse einschlagen.

So ist er uns also schon wieder begegnet, der Zweite Weltkrieg. Er mündete in der deutschen Teilung, und auch über deren Narben stolpern wir an der deutschen Ostseeküste immer wieder aufs Neue. Doch vielleicht hat meine Freundin recht. Licht und Schatten liegen hier dicht beieinander, und gerade diese Gegensätze machen die deutsche Ostseeregion zu dem, was sie ist. Nämlich nicht nur die liebliche Schönheit und die sanfte Schwester der so rauen Nordsee. Sondern andererseits auch der Schauplatz düsterer Begebenheiten aus der deutschen Vergangenheit. Es gehört dazu, die Augen auch vor der dunklen Seite nicht zu verschließen.

Noch ein Lichtblick zum Schluss: Auch in Laboe kann man heiraten. Und zwar in einer hübschen alten Windmühle. Nun hat Beate aber wirklich die Qual der Wahl!

Ostseefeuer – ein Schlehenlikör

Zutaten:

1 kg Schlehen
2 l Rum (40 %)
1 kg brauner Kandiszucker
2 Vanilleschoten
2 Zimtstangen
4 Sternanis

Zubereitung:

Die Schlehen müssen entweder nach dem ersten Frost geerntet oder vor der Verarbeitung für kurze Zeit eingefroren werden. Durch das Gefrieren verwandelt sich nämlich die in den Schlehen enthaltene Stärke in Zucker.

Die Schlehen auftauen, abspülen, gut abtropfen und anschließend mit einem Spieß o.ä. pro Frucht mehrfach einpiksen. Dabei sollte man Einmalhandschuhe tragen.

Nun in ein ausreichend großes, verschließbares Glasgefäß füllen (man kann natürlich auch mehrere Gläser verwenden und die Zutaten darauf anteilsmäßig verteilen). Die Vanilleschoten längs aufschneiden und hinzugeben, Sternanis und Zimtstangen ebenfalls hinzugeben und das Ganze mit dem Kandiszucker bedecken. Nun den Rum aufgießen. Der Glasinhalt muss komplett vom Rum bedeckt sein.

Den verschlossenen Glastopf lässt man nun sechs Wochen lang stehen, idealerweise auf der Fensterbank oder an einem anderen Platz, wo er dem Sonnenlicht ausgesetzt ist. Gelegentlich sollte man den Glastopf mal schütteln oder mit einem Holzlöffel den Inhalt umrühren.

Nach Ablauf der Zeit den Inhalt durch ein Sieb filtern und in Flaschen abfüllen.

Wem der Rum zu geschmacksintensiv ist, der kann das Ganze auch mit einem klaren Schnaps oder Wodka herstellen.

Das letzte Wort

Liebe Leser,

ich hoffe, Ihnen hat unser Ausflug an die deutsche Ostseeküste gefallen. Versäumen sie nicht die vielen Fotos aus den deutschen Ostseeregionen auf www.almutirmscher.de. Sie runden die Eindrücke aus diesem Buch ab.

Natürlich freue ich mich über Ihre Tipps, Hinweise oder Anregungen und ich beantworte auch gerne Ihre Fragen. Schreiben Sie mir einfach an kontakt@almutirmscher.de

...Tschüs. Bis bald an den deutschen Küsten!

Ihre
Almut Irmscher

Danksagung

Ich danke allen, die mich mit Tipps und Anregungen unterstützt haben. Vielen Dank an die Kunsttischlerei Roloff aus dem Darßer Ostseebad Prerow für Insider-Informationen und Fotos der wunderschönen Darßer Türen.

Ganz besonders danke ich meinem Mann Ulrich Otto, ohne seinen Rat, seine Korrekturen, seine Aufmunterungen und seine ständige Bereitschaft, mir alle Hindernisse aus dem Weg zu räumen, wäre meine Arbeit nicht möglich.

Mein herzlicher Dank geht an Rosi Seidl, die die Fotoalben auf meiner Seite www.almutirmscher.de mit ihren schönen Bildern bereichert.

Besonderer Dank gebührt auch meiner Freundin Gunhild Hexamer, die mich nicht nur durch die Jahrzehnte des Lebens begleitet hat, sondern auch die Entstehung meiner Bücher jedes Mal aufs Neue unermüdlich und engagiert mit ihren Hinweisen, Korrekturen und Anregungen begleitet. Sie ist es auch gewesen, die mir überhaupt erst den Anstoß zum Schreiben gegeben hat. Ohne Gunhild gäbe es meine Bücher nicht. Gunhild ist selbst Autorin, wenn Sie sich für Nordamerika interessieren, dann empfehle ich Ihnen ihre Bücher, die Sie auf ihrer Website www.ghexamer.de finden.

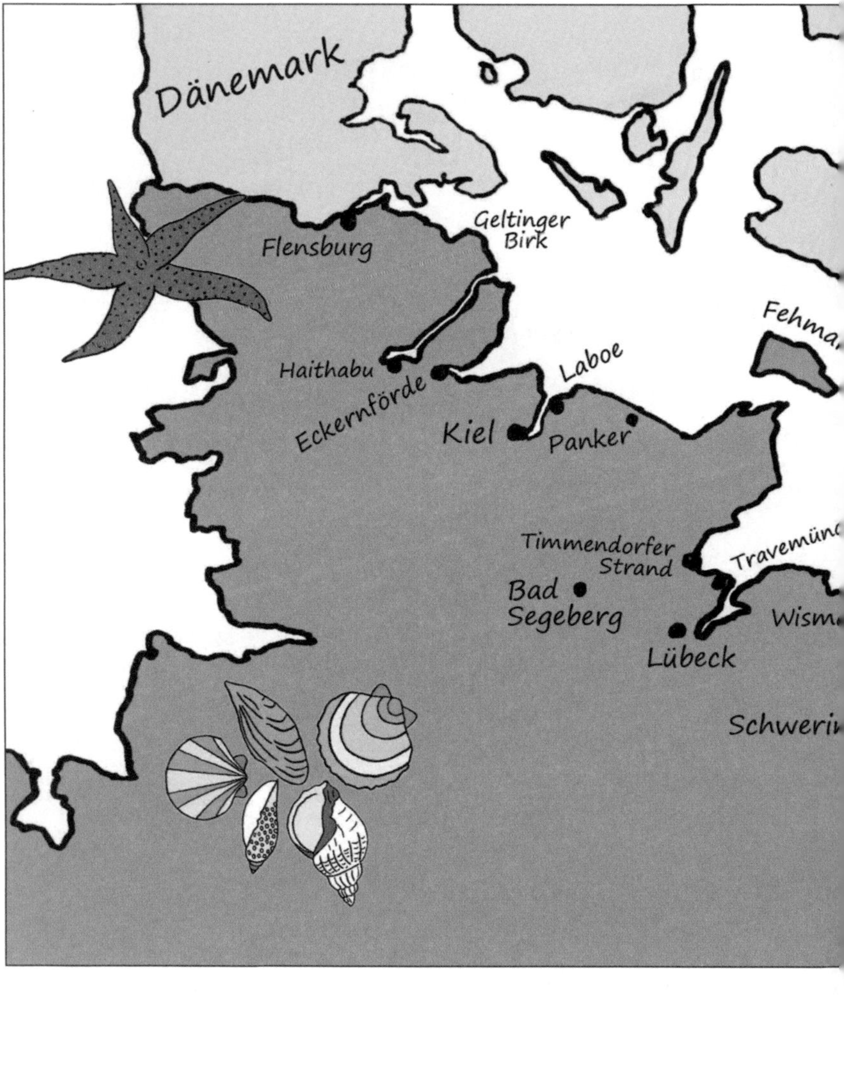
Dänemark
Flensburg
Geltinger Birk
Haithabu
Eckernförde
Kiel
Laboe
Panker
Timmendorfer Strand
Bad Segeberg
Lübeck
Schwerin

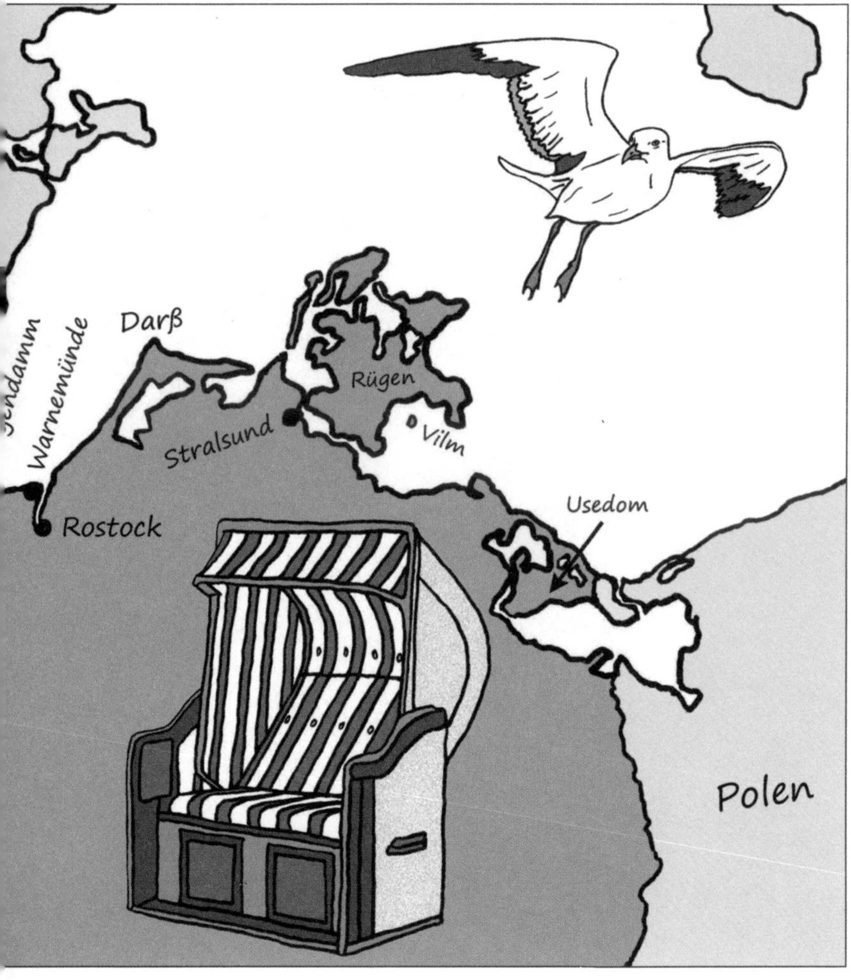
Darß
Warnemünde
Rostock
Stralsund
Rügen
Vilm
Usedom
Polen

Seebrücke Sellin, Rügen

Flensburg

Auf dem Darß

Eckernförde

Binz auf Rügen

In Travemünde

Wikingerboot in Halthabu

Gorch Fock

Darßer Tür

Stralsund

Schleuse Kiel-Holtenau

Auf Rügen

Auf Fehmarn

Prerow

Lübeck

Travemünde

Steuerrad

Kieler Förde

Seeschlösschenbrücke, Timmendorfer Strand

Bäderarchitektur auf Rügen